DUMONT EXTRA

Gran Canaria

Michael Möbius

Inhalt

¡Bienv

Sonne, Strand und Spaß – von diesem Dreiklang träumen alle, die Gran Canaria, Namengeberin und drittgrößte Insel des kanarischen Archipels, zu ihrem Urlaubsziel erkoren haben. Millionen kältegeschädigte Mitteleuropäer suchen Jahr für Jahr die sonnenverwöhnte Insel auf, um dem heimischen Winter zu entfliehen.

enidos!

Nach rund vier Flugstunden ist Gran Canaria erreicht, und es müßte schon ein besonders schwarzer Tag sein, sollte die Sonne mal nicht scheinen. Nicht umsonst war Gran Canaria, nahe dem afrikanischen Kontinent und auf der Höhe von Südmarokko gelegen, schon im Altertum als ›Insel des ewigen Frühlings‹ bekannt.

Gran Canaria

"Insel der Seligen"

Ein mildes Klima das ganze Jahr über und zahllose Strände begründen den Ruf dieses Ferienziels, ein wahrhaft paradiesisches Eiland zu sein. Auf der ›Insel der Seligen‹, wie Gran Canaria in der Antike hieß, gibt es schneeweiße, goldgelbe, hellbraune und graue, halbmondförmig geschwungene, in mondäne Promenaden wie auch dramatische Klippen gefaßte Sandstrände, nur wenige Meter oder über drei Kilometer lang. An den Dunas de Maspalomas – mit 25 km² Ausdehnung die wohl größte zusammenhängende Feinsandfläche – kann man die vollkommene Einsamkeit am kristallklaren Ozean genießen, während an der nahen Playa del Inglés all diejenigen auf ihre Kosten kommen, denen eine perfekte Infrastruktur das höchste der Strandgefühle ist.

Die Ferienzentren liegen an der Südküste, dem sonnigsten Teil der fast runden Insel mit nur 50 km Durchmesser. So verschieden wie die Strände sind auch die Urlaubsorte selbst. Dem einen beschert das lebendige Treiben an der Costa Canaria ein Maximum an Urlaubslust. Das Zentrum dieser Ferienhochburg Pauschalreisender bilden das quirlige Playa del Inglés, Maspalomas mit einem exklusiven Hotelangebot und das etwas ruhigere San Agustín. Andere finden beispielsweise im beschaulichen Puerto de Mogán all das, was einen gelungenen Individualurlaub ausmacht. Das ›Saint Tropez der Kanaren‹ ist ein wunderschöner Ort mit einer überschaubaren Zahl an Gästebetten und einem mondänen Jachthafen. Beim Bau der Hotels verzichtete man bewußt auf die Hochhaus-Architektur der Costa Canaria. Der Fischerort Arguineguín lockt mit Hotelanlagen von vollendetem Luxus. In Puerto Rico, einem Traum in Weiß, wird der Wassersport großgeschrieben.

Gran Canaria, der ›Kontinent im Kleinformat‹, hat viele Facetten. Die Vegetation der Sonneninsel präsentiert sich in einer unglaublichen Vielfalt. Hier gibt es subtropische Pflanzen, Drachenbäume, Lorbeerwälder, Palmen, Riesenkiefern und etwa 1800 wild- und teils nur hier wachsende Gefäßpflanzen, die sich vor allem im Winter und Frühling in blühende Blumenfelder verwandeln.

Die ausgeglichenen Temperaturen des mediterran-subtropischen Klimas verdankt die Insel in erster

Beliebtes Ferienziel: Playa de Maspalomas

Linie den Passatwinden, die durch das Luftdruckgefälle vom subtropischen Hochdruckgürtel zum Äquator entstehen. Der Nordostpassat beschert dem Inselnorden kühle und feuchte Winde, während im niederschlagsarmen Süden trockene und warme Fallwinde vorherrschen. Die Trockenvegetation der Südküste geht in eine Kiefernwaldzone über, an den schmalen Küstenstreifen im Norden schließt sich eine grüne Bergzone an. Raubbau und Zersiedelung ließen den einstigen Baumreichtum der Insel jedoch gnadenlos schrumpfen. In den fruchtbaren Tälern und an der Küste werden Tomaten, Bananen und exotische Früchte angebaut. Rund um die Rumfabriken von Arucas und Telde gibt es Zuckerrohrplantagen, die noch bis ins 17. Jh. große Flächen der Insel bedeckten. Auf den Weinbergen oberhalb von Santa Brígida gedeiht der lokale *vino del monte*.

In Las Palmas leben über 60 % der Canarios, und doch ist die Hauptstadt keineswegs typisch kanarisch. Die knapp 500 000 Einwohner zählende Metropole, einst von Alexander von Humboldt auf den Namen ›Karawanserei der Weltmeere‹ getauft, ist die Hafenstadt mit dem größten Warenumschlag Spaniens. In diesem wirtschaftlichen, geistigen, kulturellen und politischen Zentrum der Insel gibt es mehr Kneipen, Bars, Discos, Restaurants und Nachtclubs als in irgendeiner anderen spanischen Stadt. Neben schicken Shopping-Vierteln finden sich malerische *barrios* mit verwinkelten Gäßchen, romantischen Innenhöfen und lebhaften Plazas. Die Stadt wartet mit vielen Sehenswürdigkeiten auf, wie z. B. der Kathedrale Santa Ana oder der bedeutenden volkskundlichen Sammlung des Museo Canario. Der große Stadtstrand, die Playa de las Canteras, gilt als die Copacabana Europas.

Kaum liegen Las Palmas oder die Ferienzentren zurück, findet man sich in einer Welt aus radial verlaufenden Schluchten wieder, die steil zum 1949 m hoch aufragenden Gipfel der Insel ansteigen. Der Pico de las Nieves liegt inmitten einer bizarren Vulkanlandschaft. In der Tat verdankt das Eiland seine Genese einem Magmaherd in rund 100 km Tiefe, der seit über 16 Mio. Jahren glutflüssige Lava zutage förderte und auf

Lage:	zwischen dem 15. und 16. Grad westlicher Länge und auf dem 28. Grad nördlicher Breite
Fläche:	1532 km² bei einem Durchmesser von rund 50 km und einem Küstenumfang von rund 236 km. Ca. 12 % Wald-, 10 % Anbaufläche, 36 % Weideland, 42 % Gebirgs- und Ödland
Hauptstadt:	Las Palmas mit 480 000 Einwohnern, seit 1927 Hauptstadt der kanarischen Ostprovinz (Gran Canaria, Lanzarote, Fuerteventura)
Einwohner:	ca. 700 000; Kanarische Inseln (La Palma, El Hierro, La Gomera, Teneriffa, Gran Canaria, Fuerteventura, Lanzarote) insgesamt 1,7 Mio.
Religion:	römisch-katholisch
Wirtschaft:	Hauptsektor ist der Tourismus (über 70 % des Bruttosozialprodukts), der 75 % der Canarios beschäftigt. 20 % der Bevölkerung sind in Industrie und Handwerk beschäftigt, 5 % in der Landwirtschaft. Die Arbeitslosenquote liegt bei 20 %. An der Spitze der Exportprodukte stehen Bananen, an zweiter Stelle Tomaten.

diese Weise den Schichtvulkan formte, den wir heute Gran Canaria nennen.

Immer wieder brach der Vulkan aus, spuckte basaltische Lava über das von Glutwolken eingehüllte Land, das erst vor etwa 5000 Jahren zum Zeitpunkt der ersten Einwanderungswellen aus Nordafrika zur Ruhe kam. Welcher Ethnie die Urkanarier angehörten, ist bis heute nicht gänzlich geklärt. Als gesichert gilt lediglich, daß spätestens seit 500 v. Chr. Menschen die Insel bewohnten. Es vergingen nahezu 2000 Jahre, während derer die Altkanarier, abgeschieden vom Rest der Welt, ihre steinzeitliche Kultur voll entfalten konnten. Erst im 15. Jh. ›entdeckten‹ die Spanier den Archipel und unterwarfen ihn als ihre erste Kolonie. Es kam sehr bald zu einer Vermischung zwischen Eroberern und Eroberten, mit der auch die Kultur der Ureinwohner fortlebte. So setzten die Spanier die Tradition fort, in Höhlen zu wohnen. Überall im Bergland, wo winzige Dörfer wie Adlerhorste über tiefen Schluchten hängen, kann man noch heute solche Höhlenwohnungen finden. Uralte Überbleibsel aus vorspanischer Zeit gibt es zuhauf zu sehen, u. a. das Labyrinth eines riesigen ›Höhlenklosters‹. Die kanarische Küche, das traditionelle Kunsthandwerk und die kanarische Folklore haben ihre Wurzeln in der altkanarischen Kultur.

Die Bauten, die die Spanier hinterließen, sind von der arabisch inspirierten Architektur Andalusiens beeinflußt. Einige herrliche Orte wie Teror haben dieses maurische Flair bewahrt. Die Fiesta-Freudigkeit der Spanier – auf Gran Canaria überaus lebendig – manifestiert sich in den ausgelassenen traditionellen Volksfesten, die zum unvergeßlichen Erlebnis eines Urlaubs werden können.

Am Jachthafen im beschaulichen Puerto de Mogán
läßt sich gemütlich bummeln

Geschichte

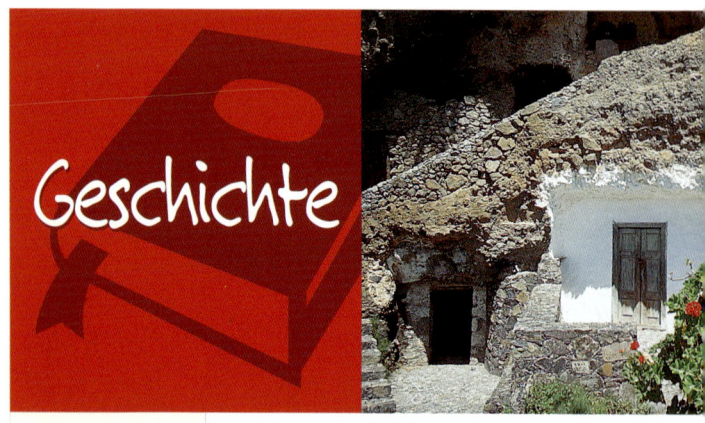

Höhlenwohnungen gab's auf Gran Canaria schon immer

Frühgeschichte

Über den Zeitpunkt der frühesten Besiedlung der Kanaren herrscht Uneinigkeit. Einige Wissenschaftler gehen von ersten Einwanderungswellen um 3000 v. Chr. von Nordafrika aus (Cromagnon-Menschen), andere von einer Besiedlung durch Berberstämme nicht vor 500 v. Chr.

1. Jh. n. Chr.

Der römische Historiker Plinius berichtet von der Expedition des mauretanischen Königs Juba II. zu den Kanaren und erwähnt erstmalig die *Insula Canaria*.

2. Jh. n. Chr.

Der Geograph und Astronom Claudius Ptolemäus legt das erste Gradnetz der bewohnten Welt an und zeichnet die *Insula Canaria* ein. Die Karte bleibt der Nachwelt erhalten; ihr ist es zu verdanken, daß die Insel bis heute den Namen Gran Canaria trägt.

14. Jh.

Die Ureinwohner der Insel, die Altkanarier oder Guanchen, leben bis ins 14./15. Jh. in vollkommener Abgeschiedenheit auf der Kulturstufe der Steinzeit.

Der genuesische Kaufmann Lancelot Maloisel landet vermutlich 1312 auf Lanzarote, 1341 geht eine Expedition der Mallorquiner bei Telde an Land.

1402

Jean de Béthencourt erobert Lanzarote. Das Jahr gilt als das erste belegte Datum für die Kanaren. Auf Fuerteventura, El Hierro und La Gomera kommt es mit Unterstützung des spanischen Königs Heinrich III. zu Eroberungen, doch alle Versuche, Gran Canaria sowie Teneriffa und La Palma einzunehmen, scheitern am Widerstand der Altkanarier.

1478	Am 24. Juni landen spanische Truppen unter Juan Rejón im Gebiet der heutigen Vegueta von Las Palmas. Sie gründen Las Palmas und versuchen die Altkanarier zu unterwerfen, die von den Herrschern von Gáldar und Telde, Tenisor Semidán und Doramas, angeführt werden und erbitterten Widerstand leisten. 1483 wird die Insel endgültig erobert.
1485	Las Palmas wird Bischofssitz.
16. Jh.	1504 wird die Inquisition zur festen Einrichtung in der Hauptstadt. Die Insel gelangt durch Anbau von Zuckerrohr und Sklavenhandel zu Wohlstand. Ab 1550 führt die Konkurrenz Westindiens zu einer Stagnation des Zuckerrohrexports, der Weinanbau erlebt einen Aufschwung. Von der Jahrhundertmitte an ist die Insel häufig Ziel von Piratenüberfällen.
17. Jh.	Spanien schickt 1629 einen Generalkapitän nach Las Palmas, der seinen Sitz jedoch bald nach Teneriffa verlegt. Gran Canaria verliert gegenüber der Nachbarinsel zunehmend an Bedeutung.
18. Jh.	Zahlreiche Mißernten führen zu ersten Auswanderungswellen nach Südamerika.
19. Jh.	Ein wirtschaftlicher Aufschwung setzt ein, zunächst durch die Zucht der Cochenille-Laus, aus der ein roter Farbstoff gewonnen wird. Ab 1870 wird der Bananenanbau ein bedeutender Wirtschaftsfaktor. 1852 wird Las Palmas Freihandelshafen.
1912	Die *Cabildos Insulares* werden eingeführt, womit die örtliche Selbstverwaltung der Inseln beginnt.
1936	General Franco, Militärgouverneur der Kanarischen Inseln, initiiert von Gran Canaria aus einen Putsch gegen die republikanische Regierung und löst den Spanischen Bürgerkrieg aus. Ab 1939 regiert er das Land als Diktator.
1975	Nach Francos Tod wird König Juan Carlos Staatsoberhaupt des nun demokratisch regierten Spanien.
1982	Die Kanarischen Inseln erhalten den Status einer autonomen Region. 1986 tritt Spanien in die EG ein.
1993	Die Kanarischen Inseln werden voll in die Europäische Union integriert.

Gut zu wissen!

Gebräuche: Sitten und Gebräuche haben, wie überall auf der Welt, auch auf Gran Canaria traditionelle Wurzeln und bedeuten den Menschen viel. Dieser Umstand wird von Touristen schnell einmal vergessen, und entsprechend benehmen sich hier viele ausländische Besucher mitunter wie die ›Axt im Walde‹, gehen beispielsweise im Badedress auf Besichtigungstour oder zum Essen und nehmen keine Rücksicht auf das Verbot, an öffentlichen Stränden ›oben ohne‹ zu baden – kurz: zeigen keinerlei Sensibilität für die Besonderheiten des Gastlandes.

Kriminalität: Leider sind heute Diebstähle, insbesondere in den großen Touristenzentren, keine Seltenheit. Vor allem Las Palmas hat in dieser Hinsicht einen außerordentlich schlechten Ruf. Diebstahldelikte sind an der Tagesordnung. Es ist stets damit zu rechnen, daß innerhalb von Minuten alles aus dem Auto gestohlen wird, was man darin zurückgelassen hat. Aber auch aus fahrenden Autos verschwinden schnell mal Gegenstände, weshalb Türen und

Kofferraum bei Stadtdurchfahrten zu verschließen sind. Handtaschen- und Kameradiebstahl sind bei Sorglosigkeit fast obligat.

Sicherheit: Wertgegenstände sollte man zur Nachtzeit in Las Palmas, vor allem im Vergnügungsviertel Santa Catalina, möglichst überhaupt nicht mit sich herumtragen. Selbst in den finstersten Hafenvierteln braucht man zwar nicht um Leib und Leben zu bangen, doch auch bewaffnete Überfälle kommen vor. Es ist in jedem Fall besser, nächtliche Stadtgänge nicht alleine, sondern möglichst zu mehreren zu unternehmen. Auch Hotelzimmer im Inselsüden sind nicht immer sicher. Geld, Schecks, Tickets, Ausweispapiere etc. sollte man einem Safe anvertrauen, über den wohl jede Unterkunft in den Ferienzentren verfügt, und nur Fotokopien vom Reisepaß, Ausweis und den wichtigsten Papieren mit sich führen. Auch an den Stränden von Playa del Inglés und Maspalomas gibt es Schließfächer. Sollte trotz aller Umsicht doch einmal etwas gestohlen werden, benötigt man ein Polizeiprotokoll, ohne das keine Versicherungsansprüche geltend gemacht werden können.

Time-Sharing-Immobilien: Umsicht ist im Umgang mit Maklern geboten, die Time-Sharing-Immobilien anbieten. Der Rechtsstatus für diese Art des Eigentumserwerbs, bei der man lediglich das auf einen bestimmten Zeitraum bezogene Nutzungsrecht an einer Immobilie kauft, ist in Spanien noch ungeklärt. So kann nicht eindringlich genug davor gewarnt werden, voreilige Entscheidungen zu treffen.

›Seeräuberfahrten‹

Vorsicht ist demjenigen anzuraten, der an einer Werbe-/Verkaufsfahrt teilnehmen möchte. Diese als ›Erdbeerfahrt‹, ›Tropenfahrt‹, ›Seeräuberfahrt‹ und ähnliches getarnten Touren werden überall in den Ferienorten angeboten. Die Prospekte versprechen den ›schönsten Urlaubstag des Jahres‹, zudem noch kostenlos. Doch fällt man auf solche Angebote herein, geht's von einer ›Finca‹ zur anderen, wo dann penetrante Verkäufer angeblich besonders günstige Bestecke, Markenbettwäsche, esoterische Armbänder oder ›Anti-Magnetfelddecken‹ offerieren. Zwar besteht kein Kaufzwang, aber das Gebaren der Verkäufer ist derart geschickt, daß rund drei Viertel aller Teilnehmer einen Kaufvertrag unterschreiben. Die so erstandene Ware wird später per Nachnahme an die Heimatadresse zugestellt. Spätestens dort wird offenbar, daß man nichts als ›Schrott‹ gekauft hat, der zu Hause dummerweise auch noch wesentlich preiswerter ist.

Feste & Unterhaltung

Kanarische Lebensfreude, feierliche Religiosität, lateinamerikanische und spanische Folklore – all dies vereinen die *Fiestas de Gran Canaria*, die traditionellen Volksfeste, die das ganze Jahr über auf der Insel gefeiert werden. Die Canarios veranstalten zu Ehren ihrer unzähligen Schutzheiligen Prozessionen, die von ausgelassenen Feierlichkeiten begleitet werden. Da wird bisweilen mehrere Tage lang musiziert, getanzt und gejubelt, gesungen und gelacht, gegessen und getrunken, meist auf der zentralen Plaza unter freiem Himmel. Auch lokale historische Ereignisse, Namenstage und traditionelle Anlässe werden mit Folkloredarbietungen, prächtigen Umzügen (*cabalgatas*) und bunten Veranstaltungen gefeiert.

Januar

Cabalgata de los Reyes Magos: Der Umzug der Heiligen Drei Könige wird am 5. Januar vor allem in Las Palmas gefeiert. Es ist in erster Linie ein Fest der Kinder, das am Vorabend des Dreikönigstags stattfindet. Am 6. Januar ist für die Kleinen Bescherung. Auf der gesamten Insel gibt es zahlreiche Veranstaltungen.

Februar

Fiesta del Almendro en Flor: Der Beginn der Mandelblüte ist besonders in Tejeda und Valsequillo Anlaß zu heiteren Festlichkeiten. Es werden traditionelle Handwerkskünste, alte Tänze und klassische kanarische Sportarten (u. a. Stabsprung, Ringkampf) vorgeführt.

Carnaval: Festhöhepunkt des Jahres ist der Karneval. Insbesondere in Las Palmas und Agüimes läßt dann Rio grüßen: mit Umzügen und Musik, Tanz und humoristischen Veranstaltungen – jeder ist verkleidet. Feierliche Krönung der Festlichkeiten ist die Wahl der Karnevalskönigin, bei der die Schönheiten in prachtvollen Kostümen zum Wettbewerb antreten.

März/April

Semana Santa: Die Osterwoche, die hier am Palmsonntag beginnt, wird in vielen Orten mit pompösen Prozessionen gefeiert. Am farbenprächtigsten sind die Umzüge in Las Palmas, wo jeder Tag neue Höhepunkte bringt: Am Palmsonntag reitet »Jesus auf dem Esel« vom Parque de San Telmo los, am Gründonnerstag beginnt um Mitternacht die *Vía Crucis*-Prozession an der Kapelle Espíritu Santo in der Vegueta, am Karfreitag lockt die *De las Mantillas*-Prozession zigtausende Besucher zur Plaza de Santa Ana (ab 11 Uhr). Ein besonderes Erlebnis ist die *Procesión Magna*: Die größte Karfreitagsprozession startet um 18 Uhr von den Kirchen San Agustín und Santo Domingo in der Vegueta sowie der Iglesia San Francisco (Triana) und endet an der Kathedrale Santa Ana.

Fiesta de Ansite: Das Fest am 29. April in Santa Lucía und an der Fortaleza Grande will an die letzten aufständischen Altkanarier erinnern. Die Feierlichkeiten gehen mit Umzügen sowie traditionellen Tänzen und Sportarten einher.

Juni

Corpus Christi: Fronleichnam wird am zweiten Sonntag nach Pfingsten mit farbenfrohen Prozessionen gefeiert. Die schönsten sind in Las Palmas und Arucas zu sehen.

Día de San Juan: Am 24. Juni begeht man besonders auf dem Land das Johannisfest. In Las Palmas ist der Gründungstag der Stadt Anlaß für viele festliche Veranstaltungen.

Juli

Nuestra Señora del Carmen: Fest für die Schutzheilige der Fischer am 16. Juli in fast allen Hafenorten (Las Palmas, Gáldar, San Nicolás) mit Schiffsprozessionen. Im Süden Überführung der Heiligenstatue von Mogán nach Arguineguín.

Fiesta de Santiago: Der 25. Juli ist der Tag des gesamtspanischen Schutzpatrons, u. a. in San Bartolomé und Gáldar finden Umzüge, Märkte und Wettkämpfe statt.

August

Bajada de la Rama: In Agaete/Puerto de las Nieves wird am 4.–7. August das bunteste und wildeste Volksfest gefeiert. Es geht auf einen altkanarischen Brauch zurück, bei dem durch das Schlagen von Kiefernzweigen *(ramas)* aufs Meer die Götter einst um Regen angefleht wurden.

September

Fiesta de la Virgen del Pino: Das religiöse Fest zu Ehren der Inselheiligen wird u. a. mit einer Wallfahrt in Teror begangen, die als die wichtigste des Archipels gilt; Festhöhepunkt: 7./8. September.

Fiesta del Charco: Beim Schlammfest in San Nicolás am 10. September wirft man sich in voller Montur ins schlammige Naß (s. S. 72).

Oktober

Fiesta de la Virgen del Rosario: In Agüimes finden am 7. Oktober Prozessionen, Folklore und traditionelle Wettkämpfe statt.

Markenzeichen der Insel: viele ausgelassene Feste

Essen & Trinken

Ob Sie die exotischen Köstlichkeiten einer indonesischen Reistafel, chinesische Schwalbennestsuppe, französische Chateaubriands, italienische Pizza, bayerische Leberknödel oder friesischen Labskaus bevorzugen – in den Ferienzentren kann man aus dem Angebot unzähliger Restaurants wählen, die internationale Küche bieten.

Die traditionelle kanarische Küche kennt in erster Linie bodenständige und deftige Gerichte. Sie ist der spanischen Küche sehr ähnlich. Öl, Knoblauch, Gewürze und Kräuter werden reichlich verwendet. Fisch und Meeresfrüchte serviert man an der Küste in vielerlei Variationen – gegrillt, gekocht, gebraten, als Suppe oder in einer scharfen Sauce. In den Bergregionen stehen ländlich-deftige Gerichte vor allem mit Schweine-, Hammel-, Lamm- oder Kaninchenfleisch auf dem Speiseplan.

Die Canarios frühstücken in der Regel in einem Café. Das erste Frühstück *(desayuno)* besteht aus Kaffee (selten aus Tee), einem *tostado* (gebutterter Toast mit Marmelade), einem *croissant a la plancha* (getoastetes Croissant mit Marmelade) oder einem *bollo* (Hefegebäck). Die kanarische Variante sind *gofio y leche* (*gofio* mit Milch) oder *gofio y café* (*gofio* mit Kaffee). Später, ab 10 Uhr, darf's auch etwas Deftigeres sein: ein *montado* (belegtes Brötchen), ein *bocadillo* (belegtes Stangenbrot) oder ein *bikini* (Käse-/Schinkentoast). *Bocadillo* oder *montado* gibt es wahlweise mit *tortilla* (Omelett), *queso* (Käse), *chorizo* (Salami) oder *jamón serrano/de York* (rohem/gekochtem Schinken).

Das Mittagessen *(almuerzo)* nimmt man zwischen 13 und 15.30 Uhr ein. Wer weder Wein (oder auch Bier) noch Gedeck bestellt (Brot, Butter, Oliven, Käse), gibt sich schnell als Ausländer zu erkennen. Auf das warme Hauptgericht kann man sich mit einer Suppe, Vorspeise oder einem Salat einstimmen. Zum Abschluß sollte man sich die delikaten Süßspeisen *(dulces)* nicht entgehen lassen. Mit einem *plato del día* (Tagesgericht) liegt man immer richtig und vor allem billig. Wer Opulentes in der Mittagshitze meiden möchte, der bestellt eine kleine Portion *(ración).*

Das Abendessen *(cena)* wird selten vor 21 Uhr eingenommen, denn auf diesen eigentlichen Höhepunkt des Tages muß man sich entsprechend vorbereiten: Etwa ab 19 Uhr promeniert und flaniert man auf den Paseos und Plazas, bummelt mit Freunden durch die Kneipen, trinkt Wein oder Sherry und holt sich mit den *tapas* den nötigen Appetit. Die Speisefolge der *cena* unterscheidet sich in nichts von der des Mittagessens. Sie ist aber noch üppiger, wird mit mehr Wein und wesentlich mehr Zeit genossen.

Die Restaurants sind meist von 13–15.30 Uhr und 19–24 Uhr, in den Ferienzentren oft durchgehend geöffnet. Hier hat man sich längst den mittel- und nordeuropäischen Essenszeiten angepaßt.

Kanarische Spezialitäten

Gofio Mehl aus Getreide oder Mais, vor dem Mahlen leicht geröstet, einst Brotersatz und Grundnahrungsmittel der Insulaner, dem Brühe, Molke, Milch oder Honig beigemischt wurden

Mojo Sauce, scharf (*picón*) oder würzig (*verde*), aus Olivenöl, Essig, Knoblauch und Gewürzkräutern

Papas arrugadas con mojo in einem speziellen Verfahren zubereitete kleine, runzlige Kartoffeln mit einer Salzkruste und *mojo*

Puchero canario deftiger Eintopf aus Fleisch, Paprikawurst und Süßkartoffeln, Gemüse, Gewürzen sowie Apfel- und Birnenstückchen

Rancho canario Eintopf aus fetten Schweinerippchen, Paprikawurst, Kichererbsen, Kartoffeln und Nudeln nebst Unmengen an Zwiebeln und Knoblauch

Conejo en salmorejo Kaninchen, über Nacht in eine Marinade eingelegt und im Tontopf geschmort

Carajaca in Öl und Knoblauch angeschmorte Leberstückchen, in Rotwein gegart

Tollo Trockenfisch, mariniert und über Holzkohlefeuer gegrillt

Sancocho Suppe mit Trockenfisch, Süßkartoffeln, Zwiebeln, Knoblauch, *mojo* und *gofio*

Spanische Spezialitäten

Tapas kleine Häppchen, z. B. marinierte Oliven, gebratene Paprikaschoten oder Champignons, *tortillas*, Sardinen, Tintenfisch

Tortillas Omeletts mit Kartoffeln, Pilzen oder Gemüse

Gazpacho kalte Gemüsesuppe

Paella traditionelles Reisgericht mit Gemüse, Geflügel, Fleisch oder Meeresfrüchten

Legumbres rellenas gedünstete Auberginen, Paprikaschoten oder Zucchini, gefüllt mit Fleisch, Schinken, Zwiebeln, Knoblauch

Zarzuela de mariscos Fisch und Meeresfrüchte in Öl gebraten, in einer Sauce aus Zwiebeln, Knoblauch, Lorbeer, Wein und Tomaten, mit Reis serviert

Arroz a la pescadora knoblauchreiche Reissuppe mit Tintenfisch und Meeresfrüchten

Merluza marinera gebackener Seehecht mit gerösteten Mandeln

Sport & Freizeit

Fallschirmspringen

Das vielfältige Freizeitangebot der Insel bietet Urlaubern die Gelegenheit, sich erstmalig in einer sportlichen Disziplin zu versuchen, für die man zu Hause oft nicht die Zeit findet. Der Traum vom Fliegen wird beispielsweise beim Tandemsprung wahr, bei dem man mit einem erfahrenen Lehrer ›huckepack‹ den ersten Fallschirmsprung wagt (s. Playa del Inglés, S. 56).

Mountainbiking

Mountainbiker finden im gebirgigen Inselinnern optimale Verhältnisse in allen Schwierigkeitsgraden vor. Bequeme asphaltierte und wenig frequentierte Hochgebirgsstraßen gilt es ebenso zu überwinden wie unebene und schwierig zu befahrene Pisten. Die Fahrradverleiher (s. S. 24) konzentrieren sich vor allem auf die Ferienzentren.

Die Broschüre »Cicloturismo«, herausgegeben vom Touristenbüro in Playa del Inglés, stellt vier reizvolle Mountainbike-Touren mit unterschiedlichen Schwierigkeitsgraden vor.

Reiten

Auch Reiten erfreut sich großer Beliebtheit bei Tag und bei Nacht (Mondschein-Trips). Ausritte organisiert u. a. die Rancho Grande in Juan Grande an der Playa del Inglés (s. S. 57). Beste Adresse aber ist der Picadero del Club de Golf im Hotel Golf Bandama (s. S. 37), wo man auch die hohe Kunst des Reitens erlernen kann.

Tennis und Squash

An Tennisplätzen herrscht auf der Insel wahrlich kein Mangel. Viele Hotels verfügen über einen eigenen Court, der auch von Nicht-Gästen genutzt werden kann. In den Ferienzentren kann man sich ebenso in zahlreichen Squashhallen sportlich betätigen. Die größten Anlagen befinden sich in Maspalomas (auf dem Campo Internacional) sowie in Puerto Rico (neben dem Busbahnhof).

Wandern

Das Bergland von Gran Canaria lädt zu wundervollen Wanderungen ein. Wer gut zu Fuß ist, über Wanderschuhe und ein wenig Entdeckergeist verfügt, kann die atemberaubende Schönheit der Insel – je nach Kondition – in leichten oder schwierigen Wanderungen erkunden. In den Extra-Touren werden zwei Wanderungen vorgestellt (s. S. 90 f. und 92 f.).

Fünf- bis siebenstündige Touren unternimmt der Grupo Montañero de Mogán an jedem Sonntag (Auskünfte unter Tel. 928 73 53 26 oder 928 56 28 09).

Wassersport

Windsurfer wissen Gran Canaria schon seit Jahren zu schätzen. Es sind der Nordostpassat, der von November bis April weht, sowie dessen Gegenstück, ein thermisch bedingter Südwestwind, um die sich hier alles dreht. Surfschulen und Brettverleiher gibt es viele. Anfänger finden in Puerto Rico ideale Surfbedingungen vor, während sich Funboarder und alle, die es werden wollen, bevorzugt an der wilderen Bahía Feliz in die Wellen stürzen.

Auch für Segelfreunde ist Puerto Rico auf jeden Fall die richtige Adresse. Hier werden Segeljollen vermietet und Kurse angeboten, die mit international anerkannten Zertifikaten abschließen. Big Game Fishing und Wasserski sind in Puerto Rico, Arguineguín und Puerto de Mogán möglich. Wer die wunderbaren Tauchgründe der Insel entdecken will, kann u. a. in Playa del Inglés an Tauchexkursionen und Tauchkursen teilnehmen (Adressen finden Sie bei den jeweiligen Ortsbeschreibungen ab S. 26 ff.).

Die schönsten Strände

Dunas de Maspalomas:	Die saharaähnliche Dünenlandschaft ist mit 25 km² Ausdehnung fraglos die größte und beeindruckendste Sandfläche der Insel (s. S. 51 f.).
Playa del Inglés:	Der längste Strand der Südküste (3 km) geht direkt in die Dunas de Maspalomas über (s. S. 55 f.).
Playa de San Agustín:	Schöner Strand, der nördlich an die Playa del Inglés angrenzt, mit feinem, dunklem Sand. Er ist wind- und wellengeschützt und eignet sich ideal zum Baden (s. S. 67 f.).
Playa de Puerto Rico:	Feiner, weißer Sand in einem geschwungenen Halbrund. Der künstlich aufgeschüttete Strand ist einer der schönsten Sandspielplätze der Insel (s. S. 64).
Playa de las Canteras:	Wer's mehr à la Copacabana haben möchte, also Urbanität am Sandsaum sucht, der wird von dem 3 km langen Strand bei Las Palmas sicherlich begeistert sein (s. S. 45).
Playa de Güigüí:	Das Strandparadies der Insel schlechthin liegt traumhaft schön und ist gänzlich unbebaut; glücklicherweise nur zu Fuß im Rahmen einer Wanderung (Extra-Tour 5, s. S. 92 f.) oder einer Bootsfahrt ab Puerto de Mogán (s. S. 62) erreichbar.

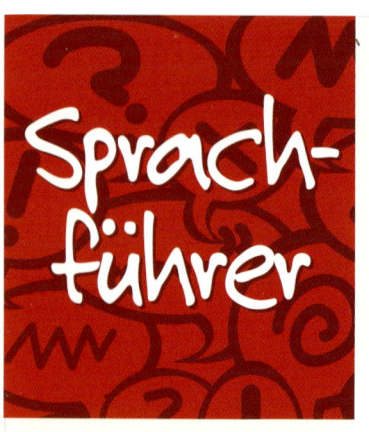

Sprachführer

Auf Gran Canaria spricht man kastilisches Spanisch. In den Dörfern wird meist ein eigener Dialekt gesprochen. Die Canarios haben einige Redewendungen aus dem Südamerikanischen in ihre Sprache aufgenommen.

Allgemeines

ja	sí
nein	no
guten Morgen	buenos días
guten Tag	buenas tardes
guten Abend	buenas tardes
gute Nacht	buenas noches
auf Wiedersehen	adiós
bitte	por favor
danke	gracias
Verzeihung	perdón
macht nichts	de nada
Wie geht's?	¿Cómo está Usted?
Danke, gut!	¡Bien, gracias!
Herr	señor
Frau	señora
Fräulein	señorita
Freund(in)	amigo/-a
Sprechen Sie Deutsch?	¿Habla Usted alemán?
ich verstehe nicht	no entiendo
ich bin Deutsche(r)	soy alemán/-a
Schweizer(in)	suizo/-a
Österreicher(in)	austríaco/-a

Einkaufen

Markt	mercado
Apotheke	farmacia
Bäckerei	panadería
Fischgeschäft	pescadería
Gemüsehandlung	verdulería
Schreibwarenladen	papelería
Supermarkt	supermercado
Lebensmittel	alimentos
Wo gibt es ...?	¿Dónde hay ...?
Haben Sie ...?	¿Tienen ...?
ich brauche ...	necesito ...
geben Sie mir, bitte ...	déme ..., por favor
– 1 Flasche	una botella
– 1 Kilo	un kilo
– 1 Liter	un litro
– 1 Dose	una lata
– 1 Packung	una caja
Geld	dinero
Preis	precio
Wie teuer ist das?	¿Cuánto cuesta?
Das ist zu teuer!	¡Esto es demasiado caro!
billig	barato
das ist alles	es todo
geöffnet	abierto
geschlossen	cerrado

Zahlen

0	cero	19	diecinueve
1	uno, una	20	veinte
2	dos	21	veintiuno
3	tres	25	veinticinco
4	cuatro	30	treinta
5	cinco	31	treinta y uno
6	seis	40	cuarenta
7	siete	50	cincuenta
8	ocho	60	sesenta
9	nueve	70	setenta
10	diez	80	ochenta
11	once	90	noventa
12	doce	100	cien
13	trece	101	ciento uno
14	catorce	200	doscientos, doscientas
15	quince		
16	dieciséis	1000	mil
17	diecisiete	2000	dos mil
18	dieciocho	5000	cinco mil

Zeitbegriffe

wann?	¿cuándo?
heute/morgen	hoy/mañana
gestern/vorgestern	ayer/anteayer
übermorgen	pasado mañana
Monat/Woche/Tag	mes/semana/día
Sonntag	domingo
Montag	lunes
Dienstag	martes
Mittwoch	miércoles
Donnerstag	jueves
Freitag	viernes
Samstag	sábado
früh/spät	temprano/tarde

Polizei

ich möchte ... melden	quisiera denunciar ...
– einen Diebstahl/ Überfall/Unfall	un robo/ atraco/accidente
man hat mir ... gestohlen	me han robado ...
– die Brieftasche	la cartera
– das Geld	el dinero
– die Schecks	los cheques
– den Paß	el pasaporte

Unterkunft

Haben Sie ein Zimmer frei?	¿Tiene una habitación libre?
Doppelzimmer	habitación doble
Einzelzimmer	habitación individual
– mit Bad/Dusche	con baño/ducha
– mit Balkon	con balcón
– mit Frühstück	con desayuno
– für eine Nacht/ eine Woche	para una noche/ una semana
was kostet das Zimmer pro Tag/Woche?	¿cuánto cuesta la habitación por día/semana?

Öffentliche Verkehrsmittel

Bus	autobús (kanarisch guagua)
Haltestelle	parada
Busbahnhof	estación de autobuses
Abfahrt	salida
Ankunft	llegada
welcher Bus fährt nach ...?	¿qué autobús va a ...?
eine Karte nach ...	un billete para ...

Wichtige Sätze für unterwegs

Ist dies die Straße nach ...?	¿Es ésta la carretera a ...?
Wie komme ich nach ...?	¿Por dónde se va a ...?
Wie weit ist es nach ...?	¿A qué distancia está ...?
rechts/links/geradeaus	a la derecha/a la izquierda/todo seguido (recto)
Wo ist die nächste Tankstelle?	¿Dónde está la gasolinera más cercana?
Normal-/Superbenzin/Diesel	gasolina normal/super/gasoil
Volltanken, bitte!	¡Llene el depósito, por favor!
Wir haben eine Panne	¡Tenemos una avería!
Ich habe einen Unfall gehabt!	¡He tenido un accidente!
Verständigen Sie bitte die Polizei!	¡Por favor, avise a la policía!
Rufen Sie schnell einen Krankenwagen!	¡Llame en seguida una ambulancia!
Wo ist eine Reparaturwerkstatt?	¿Dónde hay un taller de reparación?

Auskunft

Spanische Fremdenverkehrsämter

... in Deutschland
– Kurfüstendamm 180
10707 Berlin
Tel. 030/882 65 43, Fax 882 66 61
– Grafenberger Allee 100
40237 Düsseldorf
Tel. 02 11/680 39 80, Fax 680 39 85
– Myliusstr. 14
60323 Frankfurt a. M.
Tel. 069/72 50 33, Fax 72 53 13
– Posfach 15 19 40
80051 München
Tel. 089/53 01 58, Fax 532 86 80

... in Österreich
Walfischgasse 8
1010 Wien 1
Tel. 01/512 95 80, Fax 512 95 81

... in der Schweiz
Seefeldstr. 19
80078 Zürich
Tel. 01/252 79 31, Fax 252 62 04

Die Adressen der Fremdenverkehrsbüros auf Gran Canaria finden Sie unter den jeweiligen Ortsinformationen (s. S. 26 ff.)

Auskunft im Internet
Weitere Informationen zu Gran Canaria finden Sie auch bei DuMont im Internet:
http://www.dumontverlag.de

Reisezeit

Auf der ›Insel des ewigen Frühlings‹ herrschen ganzjährig angenehme, sommerliche Temperaturen, die nachts kaum unter 14 °C fallen. Selbst im Hochsommer werden selten über 30 °C erreicht. Die Wassertemperaturen liegen zwischen 18 °C im Jan./Feb. und 23 °C im Aug./Sept. Auf Gran Canaria ist praktisch immer Saison, die Hauptreisezeit liegt in den Weihnachts- und Osterferien sowie in den Sommermonaten Juli und August.

Die angenehmsten Monate sind Oktober bis Mai mit Schwerpunkt zwischen Januar und April, da sich die Insel dann ganz und gar grün und reich an Blütenpracht präsentiert. Im Sommer ist es manch einem schon zu heiß und dunstig, die Vegetation ist ausgedörrt und sonnenverbrannt.

Einreise

Schweizer, Deutsche und Österreicher benötigen einen gültigen Personalausweis bzw. Reisepaß, Kinder (sofern sie nicht im Paß der Eltern eingetragen sind) einen Kinderausweis. Visa sind nicht erforderlich. Seit dem 1.1.1996 dürfen sich Besucher aus EU-Ländern unbegrenzt lange auf Gran Canaria aufhalten; Schweizer dürfen für höchstens drei Monate einreisen.

Wer mit dem eigenen Fahrzeug anreist, sollte die Grüne Versicherungskarte mitnehmen. Für Haustiere wird ein amtstierärztliches Zeugnis verlangt, für Hunde zusätzlich der Nachweis einer Tollwut-Schutzimpfung, die mindestens einen Monat, aber nicht älter als zwölf Monate sein darf.

Die Kanaren gelten zollrechtlich als ›Drittländer‹. Pro Person (ab 17 Jahren) sind bei der Einreise in die EU oder die Schweiz erlaubt: 200 Zigaretten oder 250 gr Tabak, 2 l Wein, Schaumwein, Spirituosen unter 22% Alkohol oder 1 l über 22% Alkohol, 50 ml Parfum oder 250 ml Eau de Toilette.

Anreise

Mit dem Flugzeug

Die meisten Inselbesucher reisen pauschal an, insbesondere in der Nebensaison sind diese Komplettpreise oft konkurrenzlos günstig. Wer spontan reist, kann mit Last-Minute-Angeboten viel Geld sparen. Achten Sie bei Linienflügen unbedingt auf Ermäßigungen.

Charterflüge ohne Hotelbuchung, oft **Campingflüge** genannt, werden in allen Reisebüros angeboten. Da diese häufig über Monate ausgebucht sind, empfiehlt sich eine zeitige Buchung. Die LTU z. B. fliegt Las Palmas mehrmals wöchentlich ab Berlin, Düsseldorf, Frankfurt, Hamburg, Hannover, Köln, München, Münster, Nürnberg, Salzburg und Stuttgart direkt an. Der Tarif für Hin- und Rückflug beträgt je nach Saison 600–950 DM. Kinder unter zwei Jahren zahlen 10 %, zwischen zwei und elf Jahren 50 %. Jugendliche zwischen zwölf und 21 Jahren erhalten 25 % Ermäßigung. Pro Person sind bei einer Reisedauer von über 28 Tagen 30 kg Gepäck frei. Zusätzlich darf man bei vorheriger Anmeldung Sportgeräte (Fahrräder, Surfbretter etc.) bis zu 30 kg mitnehmen.

Der Aeropuerto de Gando liegt im Osten zwischen Las Palmas und den Ferienzentren. Die Orientierung im Flughafen ist einfach; wer pauschal gebucht hat, wird hier vom Reiseveranstalter abgeholt. Ansonsten stehen reichlich **Taxis** zur Verfügung (ca. 3000 Ptas nach Las Palmas oder in den Süden).

Fünf Gehminuten vom Flughafen entfernt liegt an der Schnellstraße die Haltestelle der SALCAI-Busse. Von 7–20 Uhr fahren hier alle 10 Min. **Busse** etwa nach Las Palmas (nach rechts) und Maspalomas (nach links) ab. Im Parterre des Airports haben zahlreiche lokale und internationale **Leihwagenfirmen** (u. a. Budget, Europcar, Avis, Hertz) ihre Filialen. Es ist jedoch günstiger, einen Wagen in den Ferienzentren auszuleihen.

Auf dem Landweg und per Fähre

Wer den Landweg per Auto, Bahn oder Bus bevorzugt, muß über Cádiz in Südspanien anreisen (ab Frankfurt ca. 2500 km). Informationen über die Anfahrt per Bus erteilen: Deutsche Touring, Adenauer Allee 78, 20097 Hamburg, Tel. 040/24 98 18, Fax 23 94 95; oder Continent-Bus, Hohenzollernring 86, 50672 Köln, Tel. 02 21/ 912 82 70, Fax 91 28 27 39.

Ab Cádiz unterhält die spanische Compañía Trasmediterránea regelmäßige Fährverbindungen via Teneriffa nach Las Palmas (Anreisedauer rund zwei Tage). Informationen dazu kann man abrufen bei: DER TRAFFIC Schiffsservice, Emil-von-Behringstr. 6, 60439 Frankfurt, Tel. 069/95 88 17 72.

Fährverbindungen zu den anderen Inseln bestehen ab Las Palmas (s. S. 51). Von Puerto de las Nieves legt eine Autofähre nach Santa Cruz de Tenerife ab (s. S. 62).

Unterwegs auf Gran Canaria

Busse

Ein dichtes Netz an Buslinien überzieht die gesamte Insel, auch die Ferienzentren sind angeschlossen und untereinander verbunden. Damit man die Busse (kanarisch *guaguas*) optimal nutzen kann, sollte man im Besitz der aktuellen Fahrpläne sein, die man in den Fremdenverkehrsbüros der einzelnen Orte oder in Las Palmas und Playa del Inglés abrufen kann. Die Fahrpreise sind sehr niedrig. Die Verkehrsanbindungen der Orte finden Sie unter den jeweiligen Ortsinformationen (s. S. 26 ff.).

Leihfahrzeuge

Die Straßen auf Gran Canaria sind gut und Leihfahrzeuge recht preiswert. Unzählige Verleihfirmen bieten ihre Dienste an, und für Budgetreisende empfiehlt sich der Vergleich vor Ort, bei dem, je nach Saison, gehandelt werden kann. In den Touristenzentren finden sich überall Vermietungsbüros, in den Hotels liegen Flyer der gängigsten Firmen aus. Zu klären ist immer der Leistungsumfang, denn in den Standardtarifen (3000–7000 Ptas/Tag) sind meist keine Versicherungen enthalten – eine im Unglücksfall kostspielige Angelegenheit. serviceorientierte Verleiher ermöglichen die Rückgabe des Autos am Flughafen.

Wer auf Nummer Sicher gehen möchte, der bucht bei einer der internationalen Firmen bereits von Deutschland aus (z. B. Avis, Tel. 0180/555 77, am Flughafen von Las Palmas zudem vertreten unter Tel. 928 57 95 78 und im Internet unter www.avis.com).

Auch Mopeds und Motorräder kann man ausleihen. Einer der größten Anbieter ist **Rent a Moto,** Av. de Tirajana, Edificio Taidia, Local 109, Tel. 928 76 52 90, in Playa del Inglés, der mit kostenloser Abholung wirbt und alle Klassen zwischen 50-ccm-Vespa und 750-ccm-Honda im Programm hat (1200–7000 Ptas für einen Tag bzw. 1000–6200 Ptas/Tag für eine Woche, Versicherung extra).

Wer die Insel per Mountainbike entdecken will, sollte in Anbetracht der Preise (1200 Ptas/Tag) das Fahrrad schon von zu Hause mitnehmen. Die Mitnahme ist bei der LTU im Gegensatz zu anderen Fluggesellschaften kostenlos (s. S. 23). Zu den größten der zahlreichen Fahrradverleiher zählt **Inter Bike:** in Playa del Inglés, Tel. 928 76 32 76.

Die Verkehrsregeln entsprechen im allgemeinen den mitteleuropäischen, 1 l Benzin kostet ca. 1 DM.

Organisierte Fahrten

Reichlich Prospektmaterial zu organisierten Busfahrten liegt in den Unterkünften aus. Mehrere Veranstalter haben u. a. die klassische Inselumrundung (ca. 4200 Ptas), eine Fahrt rund um das Zentralgebirge (ca. 3100 Ptas), zu den malerischsten Dörfern (ca. 5000 Ptas), den schönsten Stauseen (ca. 6000 Ptas) und nach Las Palmas (ca. 3000 Ptas) im Programm.

Zum Angebot gehören ebenso Bootsausflüge, die meist in Playa del Inglés starten. Und wenn man schon mal auf Gran Canaria ist, warum nicht gleich einen ›Abstecher‹ nach Teneriffa (ca. 8000 Ptas) und Lanzarote (ca. 14 000 Ptas) oder gar ins marokkanische Marrakesch (ca. 36 000 Ptas), ins senegalesische Dakar (ca. 40 000 Ptas) oder nach Gambia (ca. 40 000 Ptas) unternehmen? Warnen muß man allerdings vor den sogenannten ›Erdbeer- oder Seeräuberfahrten‹ (s. S. 13).

Unterkünfte

Pensionen, Apartments und Hotels

Nicht weniger als rund 200 000 Fremdenbetten in allen denkbaren Komfort- und Preisstufen sind allein in den Ferienorten im Süden zu finden, dazu gesellen sich rund 20 000 in Las Palmas sowie einige hundert in anderen Inselregionen.

In den Ferienzentren im Süden der Insel ist man überwiegend auf Pauschaltourismus eingestellt, so daß die meisten Häuser von Reiseveranstaltern ›geblockt‹ werden. In der Hochsaison über Weihnachten und Ostern kann es ein Problem sein, dort als Individualreisender ein vakantes Hotel- oder Apartmentquartier zu finden. In der Nach- und Nebensaison wird man dagegen meist recht schnell fündig. In den überaus empfehlenswerten Häusern der RIU-Hotelgruppe, die allesamt in wunderschönen Lagen zu finden sind und mit allem Komfort aufwarten, hat man als Individualtourist jedoch in der Regel keine Chance auf ein Quartier. In den entsprechenden Abschnitten dieses Buches werden zahlreiche Häuser in San Agustín, Playa del Inglés und Maspalomas vorgestellt, die auch Nicht-Pauschal-Reisende aufnehmen. In den Ferienzentren Arguineguín, Puerto Rico und vor allem Puerto de Mogán findet sich die größte Konzentration an Zimmern in Pensionen, Hotels und Apartmentanlagen, die nicht von Reiseveranstaltern ausgebucht sind. In Las Palmas und im Inselinnern ist es nie ein Problem, ein Pensions- oder Hotelzimmer zu bekommen.

Einfach so ›auf blauen Dunst‹ hin anzureisen, kann jedoch nicht empfohlen werden. Zumindest für die ersten ein, zwei Nächte sollte man schon von zu Hause aus – am besten per Fax – eine Unterkunft vorbuchen (während der Hochsaison frühzeitige Buchung für den gesamten Urlaubszeitraum empfohlen!).

Turismo Rural

Der ›ländliche Tourismus‹ auf Gran Canaria will Alternativen zu den ›Bettenburgen‹ des Südens schaffen. Angesprochen ist der anspruchsvolle Individualreisende, der die Nähe zur Natur und den Kontakt zu den Einheimischen sucht, jedoch gleichzeitig nicht auf eine Unterkunft mit hohem Qualitätsstandard verzichten will. Geboten wird z. B. komfortables Wohnen in einer Finca mit kleinen Patios in der Gegend von Tejeda, ein Landhaus hoch oben in den Bergen bei Artenara oder eine renovierte Wohnhöhle.

Wer interessiert ist, solch ein Haus zu mieten – die Preise liegen je nach Komfort und Saison zwischen 5000 und 9000 Ptas/Tag –, wende sich an CEDER, Roque Nublo, Tejeda, Tel. 928 66 64 45, Fax 928 66 64 46.

Behinderte

Auf Gran Canaria haben sich mittlerweile viele Hotels und Apartmentanlagen auf behinderte Reisende eingestellt. Informationen über behindertengerecht ausgestattete Unterkünfte und Einrichtungen sowie spezielle Reisemöglichkeiten für Behinderte erhält man bei Viajes 2000:
Triana 45, 35106 Las Palmas, Tel. 928 38 21 04, Fax 928 38 12 80.

Orte v

Sonne und Meer an den schönen Stränden genießen, in das quirlige Nachtleben von Playa del Inglés eintauchen, in den Restaurants der beschaulichen Hafenorte speisen, die hübschen Dörfer im Inselinnern inmitten herrlicher Landschaft entdecken und die Metropole Las Palmas mit der schönen Altstadt und herausragenden Sehenswürdigkeiten wie dem

on A-Z

Museo Canario besuchen. Dieser Führer zur ›Insel der Seligen‹ gibt Ihnen nützliche Tips und ausgesuchte Adressen an die Hand, damit Ihr Urlaub zum Erlebnis wird! Und dem, der auf Gran Canaria Besonderes sehen möchte, dem seien die Extra-Touren empfohlen. Gran Canaria in kompakter, überschaubarer Form, für den, der viel sehen und nichts verpassen will.

Orte von A–Z

Alle interessanten Orte und ausgewählte touristische Highlights auf einen Blick – alphabetisch geordnet und anhand der Lage- bzw. Koordinatenangabe problemlos in der großen Extra-Karte zu finden.

Agaete

Lage: C 2
Einwohner: ca. 5500

Weiß gekalkte Hauskuben mit hölzernen Balkonen schmiegen sich an einen sanft zum Meer abfallenden Hügel. Landeinwärts liegt die mit wahren Blumenmeeren und subtropischen Fruchtbäumen bestandene *Oasis de Canariedad*, wie das von hohen Felsen umschlossene Valle de Agaete auch genannt wird. Der turbulente Süden und Las Palmas scheinen Lichtjahre entfernt. Den meisten Canarios wie auch den ausländischen Besuchern gilt diese Oase als das schönste und malerischste Tal der Insel.

Huerto de las Flores: Wenige Meter vom Kirchplatz, tgl. 9–12, 16–18 Uhr. Viel mehr als ein ›Blumengarten‹: eine üppig wuchernde Grünanlage mit vielen Exotenpflanzen.

Von Agaete bieten sich Abstecher in den nahegelegenen Hafen Puerto de las Nieves (s. S. 61 f.) sowie nach Gáldar an (s. S. 39 ff.). Die Fahrt ins Valle de Agaete sollte niemand missen, der an einzigartig schönen Natureindrücken interessiert ist.

Apartamentos El Angosto: Obispo Pildain 11, Tel. 928 55 41 92, günstig. Anlage in Gehweite vom Ort nahe der nördlichen Ausfallstraße (Mobil-Tankstelle links) mit zwölf Apartments, die einst besonders bei Hochzeitsreisenden beliebt war: schlicht eingerichtet, dennoch gut und empfehlenswert. Von den beiden Sonnenterrassen – eine direkt am mittelgroßen Pool – genießt man phantastische Ausblicke auf die Küste. Sollte die Sonne mal nicht scheinen, bieten sich ein Solarium nebst Sauna an.

Hotel Princesa Guayarmina: Los Berrazales, Tel. 928 89 80 09, Fax 928 89 85 25, moderat. Am oberen Ende des 7 km langen Valle de Agaete gelegenes ehemaliges Kurhotel mit einer angestaubten Lobby; bislang sind lediglich die (27) Zimmer renoviert. Die Empfehlung für Liebhaber großen Stils mit kleiner Börse sowie für Freunde von ›Ruhe total‹. Kleiner Pool und herrlicher Blick auf das sattgrüne Tal und das Meer; nettes, zuvorkommendes Personal, das aber fast nur Spanisch spricht.

Sightseeing
Baden/Strände
Sport & Freizeit
Ausflüge
Information
Hotels
Camping
Restaurants
Shopping
Nightlife
Feste
Verkehr

El Risco (Lage: B 3): In dem kleinen Dorf ca. 8 km südlich von Agaete an der Küstenstraße C 810 werden ein paar Häuser vermietet. Auf dem Weg dorthin begegnet man bisweilen alten Canarios mit erlegten Kaninchen am Gürtel – alles so, wie es sich früher gehörte. Die sehr ruhig gelegenen Häuser sind einfache Katen (ca. 40 m^2), grob aus Stein gefügt, weiß gekalkt, komplett, wenn auch simpel eingerichtet und haben eine kleine Terrasse mit Blick auf den Kakteenhain. Informationen in der Bar Perdomo unten an der Straße oder unter Tel. 928 89 40 21. Vermietung wochen- oder tageweise (ca. 4000 Ptas/Tag).

Casa Romantica: Valle de Agaete, Tel. 928 89 80 84.
Finca-Restaurant auf dem Weg zum Hotel Princesa Guayarmina, inmitten eines kleinen Exotenparks mit Papageien und Affen, das oft von Gruppen organisierter Busreisen angesteuert wird; internationale Küche und Schweizer Spezialitäten, mit Veranda.
Hotel Princesa Guayarmina:
Im Hotelrestaurant gutes Frühstück und schmackhafte Hauptgerichte, u.a. kanarische Küche.

Casa Pepe: Alcarde de Armas Galvan 5, Tel. 928 89 82 27.
Beliebtes Restaurant der Einheimischen, außergewöhnliche Salate und frischer Fisch aus Puerto de las Nieves.

Vom 4.–7. August wird die **Bajada de la Rama** veranstaltet (s. S. 15), eine Riesen-Volksgaudi, und nach dem Karneval in Las Palmas das ausgelassenste Fest der Insel.

Busverbindungen bestehen u.a. mit Gáldar, Guía und Las Palmas sowie San Nicolás.

Agüimes

Lage: G 6
Einwohner: ca. 15 000 (Bezirk)

Die mit Türmchen und Kuppeln geschmückte, ein wenig an eine Moschee erinnernde Pfarrkirche überragt die Altstadt des in 260 m Höhe gelegenen Ortes. In den engen Gassen kann man sich nach Andalusien oder Marokko versetzt fühlen. Ein Gang durch die alten Winkel dieses ehemaligen Bischofssitzes der Insel ist überaus lohnend. Heute lebt der Ort hauptsächlich von der Landwirtschaft und Kakteenzucht.

Iglesia de San Sebastián: Die neoklassizistische Kirche an der Plaza de Mayor stammt aus dem Jahre 1796 (geöffnet nur zum Gottesdienst). Sehenswert sind vor allem die Heiligenfiguren sowie ein Tabernakel aus dem 17. Jh.

Nach einem ausgiebigen Ortsbummel sollte man in den nahegelegenen **Barranco de Guayadeque** fahren (ausgeschildert), der schon in vorspanischer Zeit bevorzugtes Siedlungsgebiet gewesen sein muß, wie die zahlreichen Höhlen und Höhlenwohnungen in der Umgebung beweisen.

Eselsafaris: Tgl. vierstündige Ausritte (2500 Ptas) organisiert Burro Safari im Barranco de Guayadeque, Tel. 928 36 24 29.

Parque de Cocodrilos: 5,5 km südwestlich von Agüimes an der C 815 in Richtung Santa Lucía, Tel. 928 78 47 25, So–Fr 10–18 Uhr, letzter Einlaß 17 Uhr.
Erlebnispark mit exotischen Tieren, Papageienshows (11, 13, 15 und 17 Uhr), Krokodilshows (12.15, 14.15 und 16 Uhr), Artistenvorführungen (12.30, 14.30 und 16.15 Uhr) und einem 3-D-Kino; vor allem bei Kindern beliebt ist die Fütterung der Tiere um 17.15 Uhr. Auch ein Restaurant, eine Bar und eine Cafeteria sind angeschlossen.

Camping Temisas: Temisas, Lomo de La Cruz, Tel. 928 79 81 49.
Einer der zwei auch für Zelte geöffneten Campingplätze der Insel; sehr einfach, aber schöne, extrem ruhige Lage. Die Zeltparzelle kostet 300 Ptas, pro Person sind 250 Ptas zu bezahlen, fürs Auto 375 Ptas.

Bar Pepe Gonzalo: An der Plaza de San Anton nahe der Kirche verbirgt sich hinter den grünen Türen und Fensterläden eine urige Kneipe. Wechselnde *tapas* und Fischgerichte.

Tagoror: Barranco de Guayadeque (am Ende der unteren Straße im Barranco), Tel. 928 17 20 13, tgl. 10–24 Uhr.
Schönstes einer Reihe von Höhlenrestaurants im Barranco. Rustikales Ambiente, gute Speisen der kanarischen Küche; die allabendlichen, sehr touristischen Folkloredarbietungen sind nicht jedermanns Geschmack.

Die **Karnevalsumzüge** von Agüimes sind inselweit bekannt und unbedingt sehenswert; 1999 geht's am 14. Februar los.

Am 7. Oktober wird die **Fiesta de la Virgen del Rosario** mit Ringkämpfen und vielen anderen Attraktionen gefeiert.

Stündlich fahren **Busse** nach Las Palmas, Arinaga, Telde, Ingenio und Maspalomas.

Show im Parque de Cocodrilos: Wußten Sie, daß Papageien so anhänglich sind?

Arguineguín

Lage: C 9
Einwohner: ca. 3500

Die Autobahn endet hier, eine Zementfabrik nebst vielen Feriensiedlungen kommt in Sicht. Automatisch drängt sich die Frage auf, wie dieser recht häßliche Ort zu seinen Touristen kommt. Der Strand ist nicht sehr schön, eher schmutzig. Am Hafen dann, wo man gar prächtig Fisch essen kann, wird man wohlgestimmter, und angesichts der etwas außerhalb gelegenen Ferienanlagen kann durchaus der Wunsch aufkommen, eine Ferienspanne lang zu bleiben: Die Anlagen machen die Mängel des Ortes mehr als wett, und man vermißt umso weniger, je größer das Reisebudget bemessen ist.

Morgens kann man den Fischern zuschauen, die gerade in den **Hafen** einlaufen und ihre Fracht landen.

Weitere Aktivitäten s. Playa del Inglés, s. S. 55 ff.

Wer auf Spanisch seinen Wunsch ausdrücken kann, hat gute Chancen, auf einem Fischkutter mit hinausfahren zu können. Mehrere Skipper bieten ihre Dienste für **Hochseeangeltouren** an.

Die Hotels und Apartmentanlagen sind zum großen Teil von Reiseveranstaltern belegt. Individuell zu buchen sind u. a.:

Pensión León: Calle Miguel Marrero 27, Tel. 928 15 02 35, günstig.
Pension in Strand- und Hafennähe, Doppel- und Einzelzimmer, abgewetzte Einrichtung, Etagenbäder, aber sauber – für Anspruchslose.

Sunwing Arguineguín: Central General del Sur, km 68, Tel. 928 73 57 01, Fax 928 73 61 69, moderat.
Gepflegtes Drei-Sterne-Hotel, gehobene Ausstattung, gutes Preis-Leistungs-Verhältnis.

Aquamarina: Patalavaca, Barranco de la Verga, Tel. 928 73 51 25, Fax 928 73 52 37, teuer.
Schöne Anlage an einem Hang mit weiß getünchten Apartmenthäusern, zwei Pools mit Meeres- und Süßwasser und großem Palmengarten. Die Sicht aufs Meer ist schlicht phantastisch. Die großen Wohneinheiten sind gemütlich mit viel Holz und Spiegeln eingerichtet; die Badezimmer sind luxuriös, die Küchen perfekt ausgestattet. Bar, Disco, Restaurant (gutes Frühstücksbuffet) und ein kleines Businesscenter stehen zur Verfügung.

Steigenberger La Canaria: Tel. 928 15 04 00, Fax 928 15 10 03, Luxus.
Das Haus mit 240 Zimmern und mehreren Suiten gilt als Inbegriff des Luxus im Archipel: weite, lichte Atmosphäre, großzügige Glasfronten zum Meer. Die Zimmer (alle mit Balkon und Meerblick) sind groß (40–103 m^2) und mit allerfeinsten Designerstücken möbliert. Das Sportangebot reicht von Tennis, Squash, Surfen, Wasserski, Parasailing über Big Game Fishing, Segeln sowie Tauchen und Reiten. Die über 2000 m^2 große Pool-Landschaft mit künstlichen Grotten und Palmeninseln sucht wohl in ganz Spanien ihresgleichen.

Zahlreiche **Restaurants** im Hafen locken mit ihren Meeresfrüchte- und Fischspezialitäten. Die Preise sind sehr günstig, die Auswahl ist immens, die Zubereitung meist *a la plancha* (gegrillt).

Morgens kann man im Hafen von Arguineguín den Fischern zusehen

Im **Centro Recreativo** oberhalb des Hafens sorgen verschiedene Restaurants und ein öffentlicher Pool nebenan für eine lebendige südländische Atmosphäre. Sehr beliebt sind u. a. die **Pizzeria Ciao** (empfehlenswert: der Salat Ciao und überbackene Makkaroni) und **Los Pescaitos,** wo man sich an Meeresfrüchten, Fisch (der gegrillte Zackenbarsch ist unschlagbar) und kanarischen Gerichten laben kann. Über der Hauptstraße liegt, einem Piratennest gleich, das Restaurant **Cueva Pirata,** Tel. 928 73 60 39, Schöner Blick auf die Küste, empfehlenswert die Seezunge vom Grill.

Auf dem bunten **Wochenmarkt** (Di 8–14 Uhr) kann man günstig einkaufen. Neben Fisch, Gemüse und Früchten wird auch Kunsthandwerk angeboten.

Am 16. Juli wird das Fest zu Ehren der **Nuestra Señora del Carmen,** der Schutzheiligen der Fischer, gefeiert, bei dem in einer Bootsprozession eine Statue der Jungfrau Maria von Mogán hierher gebracht wird.

Halbstündlich fahren **Busse** nach Puerto Rico, Playa del Inglés und Las Palmas, stündlich nach Puerto de Mogán.

Die **Boote** der Lineas Salmon legen um 11.15, 13.15, 15.15 und 17 Uhr nach Puerto Rico ab.

Arinaga

Lage: H 7
Einwohner: ca. 1500

Der schöne Strand dieses aufstrebenden Fischerortes wird ausschließlich von Einheimischen besucht. Das Dorf, das ehemals durch seine Salinen zu Wohlstand kam, will in Zukunft am Tourismus partizipieren. Ein Fischereimuseum ist geplant.

Der 400 m lange Ortsstrand ist beliebt bei lokalen Windsurfern. Er wird von einer netten kleinen Promenade begrenzt und durch eine Mole vor der Brandung geschützt. Der Strand ist feinsandig, z. T. recht steinig; gute Bademöglichkeiten.

El Pulpo Loco:
Calle Colón 54.
Von außen unscheinbar, innen überraschend: abgehängte Decke aus wellenförmig angebrachten Bastmatten, dazu Wandmalereien, Rohrflechtstühle und -tische. Das Angebot umfaßt neben Paella Kartoffelsalat mit Würstchen, Lachs-/Champignon-Pfanne, Barsch in Weißwein und viele gute Salate.

Busverbindungen nur mit Agüimes.

Artenara

Lage: D 4
Einwohner: ca. 500

Artenara, in 1200 m Höhe gelegen, ist das höchste Dorf Gran Canarias. Sicher würde es in einem Wettbewerb auch den ersten Preis als schönstes Dorf der Insel gewinnen. Malerisch und einem Adlerhorst gleich klebt es hoch über schwindelerregenden Abgründen am schroffen Fels. Der Blick in die Caldera de Tejeda, hinauf zu den markanten Felsfingern des Roque Nublo und Roque Bentaiga und bis nach Teneriffa wird jedem unvergeßlich bleiben. Winzig schmale

Höhlenwohnungen sind auf Gran Canaria keine Seltenheit

Gäßchen winden sich steil hinauf, und erst auf den zweiten Blick wird offenbar, daß es sich bei einem Großteil der Häuser um Höhlenwohnungen handelt.

Folgt man von der Ortsmitte dem Sträßchen gegenüber der Pfarrkirche bergauf, erreicht man bald die **Iglesia Santa María de la Cuevita.** Die in rötliches Vulkangestein gehauene Höhlenkirche ist der Jungfrau der Höhlen geweiht. Die Statue im Kirchenraum soll aus Mallorca stammen und schon über 600 Jahre alt sein. Rings um die Kirche befinden sich **Höhlenwohnungen,** denen z. T. Hausfassaden vorgebaut sind.

Richtung Westen liegt der Kiefernwald **Pinar de Tamadaba.** Die Anfahrt, hin und zurück ca. 30 km, lohnt vor allem wegen der wunderbaren Ausblikke hinunter auf die Westküste und bis nach Teneriffa.

Nach ca. 6 km über die ›Hauptstraße‹ Richtung Teror ist die **Caldera Pinos de Gáldar** erreicht, ein Krater, in den man von einer Aussichtsplattform aus einen herrlichen Blick werfen kann. Richtung Norden kann man den Küstenstreifen bis nach Las Palmas sehen; im Westen thront in der Ferne der höchste Berg der Kanarischen Inseln, der Pico del Teide auf Teneriffa.

Das berühmte Panoramarestaurant **Mesón La Silla,** wurde 1998 unter neuer Leitung wiedereröffnet. Lage, Blick und der spektakuläre Zugang durch Felsen lohnen allein die Anreise, das Essen liegt im Mittelmaß. Tel. 928 66 61 08, tgl. 11.30–17.30 Uhr.

La Esquina: Ortszentrum nahe der Kirche, Di–So 9–24 Uhr.
Das Bar-Restaurant mit einer halbrunden Speiseterrasse und weißer Brüstung bietet eine bodenständige Küche und einen grandiosen Fernblick auf den Roque Nublo; bei Touristen und Einheimischen gleichermaßen beliebt.

Apama, Carretera a Tamadaba, Tel. 928 66 66 27, Di–So 11–15 Uhr.
Halbstaatlicher Souvenirshop der besonderen Art, in den zahlreichen Höhlengängen große Auswahl an kanarischem Kunsthandwerk aus Holz oder Stein.

Arucas

Lage: F 2
Einwohner: ca. 33 000

Die drittgrößte Stadt der Insel und einst Mittelpunkt großer Zuckerrohrpflanzungen ist heute Zentrum des Bananenanbaus. Diesen Monokulturen verdankt Arucas seinen Wohlstand, aber auch die weitgehende Baumlosigkeit seines Umlandes. Seit der Bananenexport stark rückläufig ist, geht das Gespenst der Armut um – besonders spürbar in der Peripherie. Im Ortskern rings um die zentrale Plaza erhebt sich die monumentale Pfarrkirche. Alte Patrizierhäuser erinnern an den einstigen Wohlstand.

Vier Türme flankieren die **Iglesia San Juan Bautista,** die wie ein Monument aus dem Mittelalter anmutet. Sehenswert ist die schön ausgearbeitete Fensterrosette über dem Portal. Entgegen dem Anschein wurde die Kirche, im Volksmund schlicht ›Kathedrale‹ genannt, erst 1909 im neogotischen Stil errichtet.

An der zentralen Plaza lohnt ein Besuch des **Parque Municipal** (Stadtpark) mit einer Vielzahl exotischer Pflanzen.

Am Ortsausgang in Richtung Bañaderos (C 813), können die Produktionsanlagen und das Museum der Rumfabrik **Destilería Arehucas** im Rahmen von Führungen besichtigt werden (Mo–Fr 9.30–14 Uhr). Am Ende des Rundgangs steht ein Besuch der Bodega an, wo man Rum und diverse Liköre kosten und erwerben kann.

Von der 412 m hohen **Montaña de Arucas** aus, erreichbar über eine an der Iglesia San Juan Bautista abzweigende Straße (ausgeschildert), genießt man eine ausgezeichnete Rundumsicht über diesen Inselteil, der ganz und gar von riesigen Bananenplantagen geprägt ist; auf der Höhe des Aschekegels liegt ein Panoramarestaurant (s. u.).

Café Gótico: Das Café direkt neben der massiven Kirche bietet Torten, Snacks und Erfrischungen an.
Mesón de la Montaña: Montaña de Arucas, tgl. 12–24 Uhr.
Das Panaroma kann man zu internationaler, spanisch angehauchter Küche genießen. Neben Pizzen Wildgerichte (z. B. Rehrücken) und französische Küche, nette und zuvorkommende Bedienung.

Busverbindungen nach Las Palmas.

Atalaya

Lage: F 4
Einwohner: ca. 800

Der auf den ersten Blick unscheinbare Ort ist als Zentrum der traditionellen Töpferkunst bekannt. Die Töpferei (*alfarería*) ist die mit Abstand älteste Volkskunsttradition Gran Canarias. Manche Töpfer arbeiten noch wie ihre Vorfahren: Sie modellieren den Ton ohne Töpferscheibe und brennen ihn über dem offenen Feuer. Der Ort entpuppt sich beim näheren Hinsehen als ein idyllisches Dörfchen, wo sich blumengeschmückte Gassen und Stiegen, Treppchen und Fußwege um weiß getünchte Häuser winden – ideal für einen Spaziergang und Einkaufsbummel.

Von Atalaya sind es jeweils nur ein paar Fahrminuten zu einigen Sehenswürdigkeiten der Umgebung, die weiter unten vorgestellt werden: Caldera de Bandama (s. u.), Santa Brígida (s. S. 72 f.), Jardín Botánico (s. S. 42 f.), Telde (s. S. 77 f.) und San Mateo (s. S. 69 f.).

Atalaya ist die Hochburg der traditionellen **Töpferkunst.** In zahlreichen Werkstätten, insbesondere oberhalb der Treppenflucht hinter dem Dorfplatz mit Kirche, kann man den Meistern bei der Arbeit zuschauen. Natürlich gibt es auch viele Läden, wo man die z. T. sehr hochwertigen Traditionsprodukte der altkanarischen Volkskunst erwerben kann.

Busverbindungen nur mit Santa Brígida.

Ayacata

Lage: D 5
Einwohner: ca. 120

Ayacata ist ein malerischer, winziger Weiler zwischen steilen Schroffen und haushohen Felsblöcken oberhalb des Barranco de Soría. Touristen und Canarios schätzen seine malerische Lage nahe dem Roque Nublo, der als Monolith die ganze Landschaft dominiert.

Lohnend ist eine Wanderung zum 1803 m hohen **Roque Nublo** (Extra-Tour 4, s. S. 90 f.). Ansonsten *muß* man einfach einmal die Straßen von hier aus Richtung Tejeda (12 km) und Richtung Mogán (22 km, Extra-Tour 3, s. S. 88 f.) befahren haben: Die Ausblicke sind schlicht umwerfend, die Landschaften mal lieblich, mal arid.

Auch eine Fahrt zum 1949 m hohen **Pico de las Nieves** (9 km, Extra-Tour 3, s. S. 88 f.) gehört zum Pflichtprogramm: Vom höchsten Inselberg schweift der Blick ringsum ins Grenzenlose, überspannt die ganze Insel und reicht bei gutem Wetter im Westen bis Teneriffa, im Osten bis Fuerteventura.

An der Durchgangsstraße laden mehrere Restaurants zur Rast ein. Am gemütlichsten sitzt man in der **Casa Melo.** Hier wird ländliches Ambiente gepflegt; die Gerichte – u. a. Serranoschinken mit Ziegenkäse auf frischgebackenem Brot – sind deftig, typisch kanarisch und günstig.

Viele Läden und Stände preisen Souvenirs jeder Art an. Die Qualität ist jedoch minderwertig und die Preise sind sehr hoch.

Ab Maspalomas/Playa del Inglés fahren um 7 Uhr **Busse** nach Ayacata; Rückfahrt gegen 16.30 Uhr, So gegen 14 Uhr.

Caldera/Pico de Bandama

Lage: G 3

Eine Straße führt spiralförmig zum 570 m hohen Vulkankegel **Pico de Bandama** hinauf. Überwältigend ist auch hier wieder einmal die

Restaurant mit toller Aussicht: Parador an der Cruz de Tejeda

Fernsicht bis nach Las Palmas und schwindelerregend der Blick in den 200 m tiefen Einsturzkrater der **Caldera de Bandama.** Im Rahmen einer Tour kann man in den landwirtschaftlich genutzten Krater mit ca. 1 km Durchmesser hinabwandern. Je Weg sollte man ca. 1 Std. Marsch einplanen.

Im Umfeld liegen zahlreiche andere sehenswerte Orte wie z. B. Atalaya (s. S. 34 f.), Telde (s. S. 77 f.) und der Jardín Botánico (s. S. 42 f.).

Hotel Golf Bandama: Santa Brígida, Carretera Bandama, Tel. 928 35 33 54, Fax 928 35 12 90, Luxus.
Der Weg zum Pico de Bandama führt an dem kleinen (25 Zimmer), aber höchst eleganten und luxuriös eingerichteten Golfhotel vorbei, das in Kreisen verwöhnter Reisender als eines der besten Hotels der Insel gilt. Golfplatz (18-Loch), Swimmingpool, Tennisplätze und eine Reitschule (Picadero del Club de Golf) sind angeschlossen. Auch Nicht-Gäste können den Golfplatz gegen eine Gebühr benutzen.

Weitere Unterkünfte findet man ebenso im nahen Santa Brígida (s. S. 72 f.).

Bodegón Bandama: Cuesta Los Alvarados 33, an der Abzweigung zum Pico de Bandama.
In der 240 Jahre alten Weinkellerei mit antiker Ausstattung erfreut ein unübersehbares Angebot an lokalen Weinen, Likören, Schnapssorten und Käse.

Cruz de Tejeda

Lage: D 4

Ein steinernes Kreuz markiert den mit 1520 m höchsten Paß der Insel. Wer hier einmal stand und den Blick zu den beeindruckenden Erhebungen Roque Nublo und Roque Bentaiga schweifen ließ, kann verstehen, wieso der Schriftsteller Miguel de Unamuno die umliegende Gebirgslandschaft mit feinem Sprachgefühl als ein ›steinernes Gewitter‹ bezeichnete.

Hostería Parador Cruz de Tejeda:
Tel. 928 65 80 50, warme Küche tgl. 12.30–17 Uhr.
Das gemütlich-rustikal eingerichtete Panoramarestaurant offeriert vom Speiseraum und der Veranda aus atemberaubende Aussichten

sowie Gerichte der spanischen und kanarischen Küche; recht teuer.
El Refugio: tgl. 12–17 Uhr. Alternativ bietet sich auch dieses Restaurant gegenüber dem Parador an, wo die Gerichte vergleichbar gut, jedoch spürbar billiger sind.

Die **FEDAC** (Gesellschaft zur Förderung des kanarischen Kunsthandwerks) hat neben der Hostería Parador einen kleinen Laden, in dem Kunsthandwerk angeboten wird.

Fataga

Lage: E 6
Einwohner: ca. 400

Mandel- und Aprikosenbäume nebst exotisch anmutenden Palmenhainen bilden den malerischen Rahmen dieses oberhalb der halbwüstenhaften Schlucht des gleichnamigen Barranco gelegenen Dorfes. Über eine serpentinenreiche Straße erreicht man Fataga, das auf einem Bergsporn thront. Der schöne Ort wartet mit verwinkelten Gäßchen, weiß kalkten Häusern und wunderbaren Ausblicken auf. Das sehenswerte Freilichtmuseum El Mundo Aborigen (s. u.) liegt südlich des Dorfes.

Fataga ist Ausgangspunkt von **Kamelsafaris,** Touren ins gebirgige Umland organisiert u. a. Cercado de Fataga (s. u.).

Zwischen Fataga und El Mundo Aborigen zweigt nördlich des Weilers Artedara eine Schotterpiste nach Westen ab. Der (bedingt auch fahrzeugtaugliche) Weg führt via Ayagaures durch eine eindrucksvolle Halbwüsten-Felslandschaft zum **Palmitos Park** (s. S. 56). Diese relativ leichte Wanderung von rund 20 km Länge (ca. 5 Std.) sei jedem Freund phantastischer Landschaften empfohlen; ab Palmitos Park dann Busanschluß zu den Ferienzentren des Südens.

El Mundo Aborigen

Das Freilichtmuseum, in wunderschöner Lage im Parque Natural de Ayagaures, lädt zu einer »Reise zum Ursprung der Altkanarier« ein und wurde von der kanarischen Regierung zu einer »Stätte von besonderem kulturellen, sozialen und touristischen Wert« erklärt. Ein ganzes Dorf aus alten Tagen ist nachgebildet, mehr als 100 Figuren setzen die magisch-religiöse Welt, die Landwirtschaft, Begräbnisbräuche und Wohnkultur der Altkanarier in Szene. Ein kleines archäologisches Museum, Shows und Vorführungen altkanarischer Sportarten sowie ein Restaurant runden das Programm ab. Durch den Park mit mehreren Aussichtspunkten führen Wanderwege. Carretera Maspalomas, ca. 3 km südlich von Fataga, 9–18 Uhr.

Cercado de Fataga: Carretera Fataga a San Bartolomé, 1 km nördlich, Tel. 928 17 20 89, günstig.
Rund 1000 Palmen sollen es sein, die das idyllisch und ruhig gelegene Landhotel umgeben. Es liegt dabei doch recht zentral nahe der Costa Canaria. Auf dem Terrain findet sich die einzige Wassermühle in Gran Canarias Süden und ein kleiner Swimmingpool. Die Zimmer mit hübschen Holzdetails sind ungeheuer gemütlich, die Panoramen sind top, und das Restaurant (s. u.) ist für Schlemmerfreuden gut. Das Hotel veranstaltet Kamelsafaris, die im Ruf stehen, die besten der Insel zu sein.

Bar Fataga: Im Dorfzentrum an der kurvigen Hauptstraße lädt die gemütliche Grillbar mit einfachen Speisen der kanarischen Küche ein. Empfehlenswert ist der üppige Rohkostteller.
Restaurante Molino del Agua de Fataga: Restaurant des Hotels Cercado de Fataga (s. o.). Das Restaurant erinnert an eine urige Waldkneipe. Es bietet ein rustikales Ambiente unter Bananenblattdächern sowie köstliche Speisen der spanischen und internationalen Küche (Tip: die saftigen Riesensteaks). Man kann auch draußen sitzen, auf Stühlen und an Tischen, die aus Baumstümpfen gefertigt sind.

Im April wird das **Aprikosenblütenfest** gefeiert.

Mehrmals am Tag **Busverbindungen** nach Maspalomas sowie San Bartolomé.

Gáldar

Lage: C/D 1
Einwohner: ca. 9000 (Stadtgebiet)

Nur 10 km trennen das Valle de Agaete von Gáldar, doch scheinen Welten zwischen dem romantischen Tal und der Stadt in der nordwestlichen Ecke der Insel zu

liegen. Da gibt es keine subtropische Blumenpracht mehr, keine malerischen Hauskuben, sondern graubraunes Land, das in das fahle Grau des Aschekegels Pico de Gáldar übergeht. Grünstreifen, in graue Mauern gefaßt, durchziehen die Landschaft. Sie entpuppen sich als Bananenpflanzungen, von denen der Ort eine Zeitlang recht gut lebte. Heute müssen die Bewohner mit hoher Arbeitslosigkeit und spürbarer Armut leben. Der ehemalige Sitz der Könige des nordwestlichen Teils der Insel wartet in der Altstadt mit einigen Sehenswürdigkeiten auf.

Die **Iglesia de Santiago de los Caballeros** an der Plaza de Santiago in der Altstadt wurde im späten 18. Jh. errichtet (nur So und nach den Abendgottesdiensten geöffnet). Sie wurde berühmt durch die Pila Verde, ein Taufbecken aus grünlichem Stein, das aus Andalusien stammen soll und an dem, so will es die Legende, einst die ersten Ureinwohner der Insel getauft wurden.

An der Plaza bei der Kirche ist im Patio des Rathauses (Mo–Fr 10–14 Uhr) der älteste **Drachenbaum** *(drago)* der Insel zu bewundern: wie es heißt, wurde er im Jahre 1719 gepflanzt.

Vom Kirchplatz aus ist es über die Calle Audiencia nur ein kurzes Wegstück zur **Cueva Pintada** (›Bemalte Höhle‹), in der über 2000 Jahre alte Wandmalereien mit mehrfarbigen geometrischen Mustern zu bewundern sind. Bis zum Abschluß der seit 1985 andauernden Restaurierungsarbeiten muß man sich jedoch mit der Rekonstruktion im Museo Canario in Las Palmas (s. S. 45) begnügen.

Gáldar: Fisch frisch auf den Tisch

Gáldar bietet sich als Ausgangspunkt für den Besuch einiger Highlights der Umgebung an, z. B. Agaete (s. S. 28 f.) und Santa María de Guía (s. S. 75 f.).

Folgt man von der zentralen Plaza aus den Hinweisschildern nach El Agujero Richtung Küste, gelangt man nach ca. 3 km zur größten Nekropole der Altkanarier. Auf dem **Gräberfeld La Guancha** befinden sich mehrere Grabhügel mit Überresten der Grabkammern. Das Modell eines Tumulus ist im Museo Canario in Las Palmas zu betrachten (s. S. 45).

6 km von Gáldar liegen der Küstenort **Sardina** und die **Playa de Sardina** mit netten Fischrestaurants (s. u.). Eine Asphaltstraße zweigt zum Kap **Punta de Sardina** ab. Dort kann man am Leuchtturm die wunderbare Aussicht und das Donnern der Brandung in der Tiefe genießen.

Reptilandia: ca. 5 km von Gáldar Richtung Agaete, Winter tgl. 11–18, Sommer 11–19.30 Uhr. Allerlei Kriech- und Krabbelgetier aus der ganzen Welt – u. a. Riesenschlangen und -spinnen – kreucht und fleucht in diesem Reptilienpark.

Vistamar: Playa de Sardina, direkt an der abschüssigen Straße zum Kai.
Bei Einheimischen sehr beliebt; Meeresfrüchte in großer Auswahl, Tip: Tintenfisch auf galizische Art.
Restaurante Marisquería La Fragata: Playa de Sardina, am nördlichen Buchtende, Tel. 928 88 32 96, Di–So.
Der Blick aufs Meer ist ›Gold wert‹, die Einrichtung ›kolonialzeitlich‹, doch das größte Plus sind die Meeresfrüchte- und Fischgerichte, von denen man selbst in Las Palmas schwärmt. Der Speiseplan variiert nach dem täglich frischen Fang, z. B. *langostinos*, Seespinne und eine köstliche Muschelpfanne.

In Gáldar sind noch einige Korbflechter zu Hause, an der Haupteinkaufsstraße Calle Capitán Queseda finden sich mehrere Läden, in denen die **Korbwaren** angeboten werden.

In der gleichen Straße ist Mo–Sa 8–14 Uhr **Wochenmarkt** mit Lebensmitteln jeder Art zu günstigen Preisen. Ein delikates Mitbringsel ist der *queso de flor* (›Blumenkäse‹) aus Santa María de Guía.

An jedem ersten So im Monat, 9–14 Uhr, findet auf dem Platz vor der Kirche ein **Kunsthandwerkmarkt** statt.

Am 16. Juli wird in Gáldar und in vielen Hafenorten das Fest der Schutzheiligen der Fischer, **Nuestra Señora del Carmen,** mit farbenfrohen Schiffsprozessionen gefeiert.

Die **Fiesta de Santiago,** Fest und Wallfahrt zu Ehren von Jakobus, wird am 25. Juli mit Umzügen und Ringkämpfen begangen.

Stündlich fahren **Busse** nach Las Palmas und Agaete, mehrmals am Tag nach San Nicolás.

Ingenio

Lage: G 5/6
Einwohner: ca. 2500

Ingenio, rund 2 km nördlich von Agüimes, ist eine der ältesten Siedlungen der Insel. Das einstige Zentum der Zuckerrohrwirtschaft hat sich heute auf den Tomatenanbau spezialisiert. Touristische Attraktion sind die Produktion, Ausstellung und der Verkauf von traditionellem Kunsthandwerk, vor allem von Hohlsaumstickereien.

Museo de las Piedras y Artesanía: Las Mejías, am Ortsausgang Richtung Telde, tgl. 9–18.30 Uhr.
Ein etwas ungeordnetes und kurioses Sammelsurium aus Steinen, religiösen Utensilien und landwirtschaftlichem Gerät. Eine Stickereischule (s. u.) ist angeschlossen, die besichtigt werden kann (i. d. R. vormittags bis 11 Uhr, gelegentlich auch nachmittags).

Agüimes und der Barranco de Guayadeque (s. S. 29 f.) sind von Ingenio aus schnell zu erreichen, 13 km sind es bis Telde (s. S. 77 f.). 9 km nördlich von Ingenio an der Straße nach Telde zweigt eine Stichstraße zu den ausgeschilderten **Cuatro Puertas** ab, einer großen Höhle mit vier Eingängen. Eine ebene Fläche vor der Höhle diente den Altkanariern vermutlich als Versammlungsplatz. Auf dem als heilig interpretierten Hügel oberhalb der Höhle weisen Vertiefungen und Rillen im Gestein auf eine ehemalige Opferstätte hin.

In der Stickereischule in Ingenio wird die Hohlsaumstickerei gelehrt

Stickereiarbeiten kann man in der angegliederten **Stikkereischule** des Museo de las Piedras y Artesanía (s. o) erwerben. Weitere Geschäfte für solche Arbeiten sowie Leder- und Töpferwaren finden sich in der Calle Sebastián Espiro und der Calle Doctor Espino Sánchez.

Am **Gründonnerstag** startet am Museum um 20 Uhr eine Prozession, bei der 13 Jungen, als Jesus und seine Jünger verkleidet, mit prächtigen Heiligenstatuen durch den Ort ziehen. Drei Bruderschaften begleiten den Zug.

Stündlich fahren **Busse** nach Agüimes und Las Palmas ab; Busverbindungen mit Telde.

Jardín Botánico

Lage: G 3

Der Jardín Botánico, in voller Länge *Jardín Botánico Viera y Clavijo* oder auch *Jardín Canario* genannt, gilt als einer der schönsten, interessantesten und bestbestückten botanischen Gärten der nördlichen Welthalbkugel. Über 450 endemische Pflanzenarten 27 verschiedener Gattungen sind in dem Garten heimisch. Auch eine einzigartige Kakteensammlung ist angegliedert, schattige Wege führen durchs großartige Grün dieser gepflegten Anlage. Besonders im Frühling, wenn viele exotische Pflanzen in prächtiger Blüte stehen, muß man kein ausdrücklicher Botanikfreund sein, um ins Schwärmen zu geraten. Für den Rundgang sollte man sich mindestens 1–2 Std. lassen. Mo–Fr 8–12, 15–18, Sa 8–12, 13–17 Uhr.

Die Besichtigung des Botanischen Gartens läßt sich gut mit einem Besuch des nahen Las Palmas (s. S. 43 ff.) verbinden. Telde (s. S. 77 f.), Santa Brígida (s. S. 72 f.) Caldera de Bandama und Pico de Bandama (s. S. 36) sind ebenso nahegelegene Ausflugsziele.

Restaurante Jardín Botánico: Carretera de las Palmas, Tel. 928 36 16 45, tgl. 12–16, 19/20–23 Uhr.
Ein Besuch des Jardín Botánico wäre unvollständig, würde man nicht in das angeschlossene Restaurant einkehren. Der Gast wird mit der herrlichen Aussicht über den Park und der guten kanarischen Küche verwöhnt. Spezialitäten sind neben *gofio*, *mojo* und *papas arrugadas* der Kresse-Eintopf *(potaje de berros)* sowie die köstlichen hausgemachten Desserts. Zum Essen wird ein lokaler *vino tinto del monte* serviert.

Las Palmas

Lage: G 1/2
Einwohner: ca. 480 000

Es war einmal, im Jahre der Stadtgründung 1478, da ragten zwischen Meer und dem heute so kahlen Hinterland nichts als Palmen auf. Vor 100 Jahren war der Ort mit dem Namen *Villa Real de las Palmas* noch immer die ›Königliche Stadt der Palmen‹ und zählte in seinen beiden Ortsteilen Vegueta und Triana weniger als 40 000 Einwohner. Der Zustrom von Menschen aus allen Teilen der Insel und die rapide Bevölkerungszunahme ließen den Ort wachsen – immer weiter, immer höher, immer mehr: 1930 zählte man schon 80 000 Einwohner, 1960 waren es über 190 000, und 1998 etwa eine halbe Million Menschen, die in diesem wirtschaftlichen, politischen und kulturellen Zentrum der Insel leben. Reisende, die Las Palmas nicht vom Meer her besuchen, bekommen zunächst die Kehrseite des Fortschritts zu Gesicht, denn sie müssen sich erst einmal durch einen dichten Ring aus häßlichen Wohnklötzen und slumähnlichen Siedlungen mühen.

Ein eigentliches Zentrum sucht man in der quirligen Großstadt vergebens. Las Palmas wartet jedoch mit einer Vielzahl *barrios* auf, die durch ihren unterschiedlichen Charakter überraschen. Die historische Keimzelle ist das Viertel **Vegueta,** in dessen verwinkelten Gäßchen sich die meisten Museen und Kunstgalerien befinden. **Triana** mit zahlreichen Geschäften, Boutiquen und Fußgängerzone war früher Kaufmanns- und Handwerkerviertel. Der Hafen Puerto de la Luz und der weitläufige Sandstrand Las Canteras begrenzen das lebendigste Viertel: **La Catalina.** Hier gibt es die meisten Cafés, Kneipen, Bars und Discos der Stadt.

Sightseeing und Unternehmungen

Parque de San Telmo: Die palmenbestandene Parkanlage gegenüber dem Busbahnhof in Triana ist idealer Ausgangspunkt für einen Stadtbummel. In der Nordecke fällt ein wunderschöner und farbenfroh dekorierter Jugendstilpavillon ins Auge. Es handelt sich hierbei um das **Café Quiosco San Telmo,** den wohl schönsten Ort in Las Palmas für eine Tasse Kaffee. Gegenüber liegt die **Ermita de San Telmo,** eine hübsche Kapelle mit barocken Altären und einer ›orientalischen‹ Decke im andalusisch-maurischen Stil.

Mercado de las Palmas: Calle Mendizábal, Mo–Sa 8–15 Uhr.
Die älteste und größte Markthalle der Stadt befindet sich im Altstadtviertel Vegueta. Ein Gang hindurch ist sehr lohnend.

Casa de Colón: Calle Colón 1, Mo–Fr 9.30–17.30, Sa 9.30–13 Uhr.
Der Palast wurde gegen Ende des 15. Jh. als Residenz des Inselstatthalters erbaut. Auffallend sind das gotische Portal und die Fassade, die Elemente mehrerer Stilrichtungen enthält. Das Gebäude gilt als das schönste der Stadt und beherbergt heute das **Kolumbusmuseum,** das anschaulich die Geschichte der Entdeckung Amerikas nachzeichnet.

Catedral de Santa Ana: Plaza de Santa Ana, Mo–Fr 9–13.30, 16–18.30 Uhr.
Baubeginn der im 19. Jh. vollendeten Kathedrale war bereits im ausgehenden 15. Jh. Sie vereint alle Baustile zwischen Gotik und Neoklassizistik. Im fünfschiffigen Innenraum beeindrucken vor allem die gotischen Rippengewölbe, der barocke Hochaltar, platereske Kanzeln und ein silberner Kronleuchter. In den Seitenkapellen liegen berühmte Persönlichkeiten begraben, und wer immer schon mal eine Mumie sehen wollte, mag die des Bischofs Cordina betrachten, die in einem Glassarg aufgebahrt ist.

Museo Diocesano de Arte Sacro: Calle Espíritu Santo 20, Mo–Fr 9–13.30, 16–18.30, Sa 9–14 Uhr.
Von der Kathedrale hat man Zugang zum Kirchenmuseum, das sakrale Kunstgegenstände wie Heiligenfiguren, Gewänder, Kultobjekte und eine Gemäldesammlung zeigt.

Plaza de Santa Ana: Der Platz vor der Kathedrale im Stadtteil Vegueta wird von Palmen und Repräsentativbauten flankiert. Das alte Rathaus, **Casa Consistorial,** wurde 1842 im neoklassizistischen Stil errichtet. Die benachbarte **Casa del Regente** fällt durch das phantastische Renaissanceportal auf. Ein

paar Meter oberhalb der Plaza, links am Rathaus vorbei, erstreckt sich die wunderhübsche **Plaza del Espíritu Santo** mit einem Brunnen und einer kleinen Kapelle.

Museo Canario: Calle Verneau/ Calle Doctor Chil, Mo–Fr 10–17, Sa 10–13, So 10–14 Uhr.

Das bedeutendste Museum der Kanaren ist ganz und gar der Kultur der Altkanarier gewidmet. In mehreren Sälen werden anthropologische, archäologische, ethnographische und geologische Exponate präsentiert. Nachbildungen und Modelle (u. a. der Cueva Pintada, s. S. 40) veranschaulichen die Vorgeschichte der Kanarischen Inseln und das Leben ihrer Bewohner.

Museo Nestor: Pueblo Canario, Di–Fr 10–13, 16–20 Uhr.

Werke von Nestor de la Torre (1887–1938) wurden vom Bruder des kanarischen Malers und Architekten in dem 1956 eröffneten Museum zusammengetragen. Nestor, dessen Bilder stark vom Symbolismus geprägt sind, hatte die Idee des Pueblo Canario ins Leben gerufen, um eine Rückbesinnung auf die kanarische Kultur und Architektur zu bewirken.

Parque Doramas: Der schönste Park von Las Palmas wirkt mit seinen Brunnen und Teichen, Palmen und Drachenbäumen wie eine Oase inmitten der quirligen Metropole. Hier befindet sich das berühmte **Hotel Santa Catalina** (s. S. 48) und der **Pueblo Canario,** der Nachbau eines kanarischen Dorfes, das mit folkloristischen Veranstaltungen (Do 17.30, So 11 Uhr), zahlreichen Cafés, Restaurants und Shoppingarkaden zur touristischen Attraktion avanciert ist.

Castillo de la Luz: Die Festung aus dem 16. Jh., kurz nach der Eroberung gebaut, liegt rund 6 km vom Zentrum auf der Halbinsel La Isleta. Sie kann im Rahmen von Veranstaltungen und wechselnden Ausstellungen besucht werden. Ebenso imposant wie die Anlage ist der Ausblick auf den angrenzenden Hafen und die sich dahinter erhebende Stadt.

Folgt man der hinter dem Castillo de la Luz verlaufenden Calle de Juan Rejón, ist es knapp 1 km bis zum Paseo de las Canteras, der Strandpromenade an der berühmten **Playa de las Canteras.** Am 3 km langen Stadtstrand kann man entlangschlendern, natürlich auch baden, sich sonnen oder in eines der unzähligen Cafés und Restaurants einkehren. Im nahen Parque de Santa Catalina, dem beliebten und lebhaften Treffpunkt nicht nur für Nachtschwärmer, schlägt das Herz des Stadtteils La Catalina.

Adressen und Tips

Patronato de Turismo: León y Castillo 17, Tel. 928 36 24 22, Fax 928 36 28 22, Mo–Fr 9–15 Uhr.
Hier bekommt man Informationen über die gesamte Insel.
Casa de Turismo: Parque de Santa Catalina, Tel. 928 26 46 23, Mo–Fr 9–13.30, 16–19 Uhr, Sa 9–13 Uhr.
Hier spricht man auch deutsch.

In der Hafenstadt gibt es zahlreiche Billigstherbergen mit Preisen unter 2000 Ptas. Mangelnde Sicherheit und Sauberkeit sowie unerwünschte ›Mitbewohner‹ in Form von Ungeziefer sind jedoch bei diesen Unterkünften keine Seltenheit und deshalb selbst hartgesottenen Reisenden nicht zu empfehlen.
Pensión Plaza: Calle Luis Morote 16, Tel. 928 26 52 12, günstig.
Direkt am Parque de Santa Catalina, mitten im Trubelzentrum gelegenes Hotel mit schlicht möblierten, aber sauberen Zimmern (alle mit Bad), die teils auf den Park blicken; das Personal ist nett und freundlich, die Preise (3000 Ptas) sind korrekt.
Hotel Princesa: Calle Princesa Guayarmina 2, Tel. 928 46 77 04, günstig.
Die Zimmer in diesem unweit des Castillo de la Luz gelegenen Hauses lassen für 3000 Ptas nichts zu wünschen übrig; alle mit Bad.
Hotel El Cisne: Calle Ferrera 19, Tel. 928 46 88 20, günstig.
Die Zimmer (4000 Ptas) sind picobello sauber, schlicht, doch gemütlich, jeweils mit Bad und Balkon. Ein Aufenthaltsraum steht zur Verfügung, die Atmosphäre ist angenehm. Als größtes Plus mag gelten, daß es nur 50 m bis zur Playa de las Canteras sind – *der* Tip in dieser Preisklasse im Stadtteil La Catalina.
Hostal Residencia Madrid: Plaza Cairasco 2, Tel. 928 36 06 64, günstig.
Einziges empfehlenswertes Haus in der Vegueta, altertümlich bis angegammelt, sehr herzliche Atmosphäre; die Terrassenbar ist eine echte Institution in der Stadt.
Apartamentos Colón Playa: Calle Alfredo L. Jones 45, Tel. 928 26 59 54, Fax 928 26 59 58, moderat.
Moderner Bau direkt an der Promenade hinter der Playa de las Canteras. Lounge und Rezeption erstrahlen in Messing und Marineblau. Die schönen Apartments (5200 Ptas) sind mit Sitzgruppe am Erker gemütlich eingerichtet. Der Blick aufs Meer und die Playa kostet 1000 Ptas mehr.
Apartamentos Juan Pérez: Av. Las Canteras 1, Tel. 928 47 01 62, Fax 928 47 03 00, moderat.
Die Apartments, z. T. mit Balkonblick auf Strand und Promenade, sind klein, aber fein, kosten je nach Lage 6000–8000 Ptas und sind z. T. von deutschen Pauschalanbietern ›geblockt‹.
Hotel Atlanta: Calle Alfredo L. Jones 37, Tel. 928 27 34 85, Fax 928 26 50 62, moderat.
Angenehmes Mittelklasse-Hotel in direkter Strandnähe; die funktionellen Zimmer kosten je nach Saison 7000–9000 Ptas, können aber nicht mit den o. g. Apartments konkurrieren.
Hotel Sol Bardinos: Calle Eduardo Benot 5, Tel. 928 26 61 00, Fax 928 22 91 39, teuer.
25 Stockwerke hoch ist dieses in ›Maiskolbenarchitektur‹ erbaute Hotel der ›Sol‹-Kette nahe dem

Meer und Kultur: in Las Palmas vereint sich beides

Parque de Santa Catalina. Mit Macken der Zeit, aber immer noch unbedingt sein Geld (12 500 Ptas) wert: Schon in der Lobby fasziniert ein Deckenwerk aus geschnitzter Wabenstruktur mit Intarsien aus Spiegelstückchen; auf dem Dach erfreut der ›maiskolbenförmige‹ Pool, die Zimmer sind geschmackvoll möbliert und bieten internationalen Standard. Mit Bar, TV-Raum, Disco und Restaurant.

Hotel Imperial Playa:
Calle Ferrera 1, Tel. 928 46 88 54,
Fax 928 46 94 42, teuer.
Gehobener Komfort prägt das Vier-Sterne-Hotel an der Playa de las Canteras, das zwar höchsten Ansprüchen genügt, doch keinen Pool besitzt. Die 142 Zimmer sind vom Feinsten (14 000 Ptas).

Hotel Reina Isabel:
Calle Alfredo L. Jones 40,
Tel. 928 26 01 00,
Fax 928 27 45 58, Luxus.
Renommiertestes Strandhotel der Insel, äußerst luxuriöse Zimmer, traumhafter Wintergarten, edles Restaurant (s. S. 49 f.), Dachterrasse mit Pool im Kreuzfahrtschiff-Look (Zimmer ab 15 000 Ptas).

Hotel Santa Catalina: Parque Doramas, León y Castillo 227,
Tel. 928 24 30 40,
Fax 928 24 27 64, Luxus.
Das Hotel, 1953 nach dem Vorbild altkanarischer Architektur errichtet, markiert eine Klasse für sich und prunkt im Stil der alten spanischen Klassehäuser. Gediegenheit und Eleganz, Türmchen, Balkönchen und filigrane Verzierungen wohin man auch blickt, auch die Lage gegenüber dem Jachthafen ist top. Da nimmt es nicht wunder, daß hier und nirgends sonst der spanische König zu wohnen pflegt, wenn er auf der Insel weilt. Die Zimmer (ab 22 000 Ptas) und Suiten (ab 40 000 Ptas) überzeugen durch die Liebe zum Detail: sanft geschwungene Polster, lichte Vorhänge, edle Hölzer; nur die Zimmer zum engen Innenhof sollte man meiden – ein Tip für alle, die es sich leisten können, wirklich stilvoll zu wohnen.

Zahllos sind die Restaurants, Cafés und Bistros in Las Palmas, so daß im folgenden nur eine Auswahl vorgestellt werden kann. Generell gelten der Paseo de las Canteras und der Parque de Santa Catalina als die gastronomischen Meilen der Stadt.

La Cafetera: Escala Doctor Miguel Rosas, Tel. 928 26 05 72.
›TUI-Treffpunkt‹ in einer Seitengasse des Paseo de las Canteras: ein kuschelig-deutsches Café mit hübscher Einrichtung, absolut leckeren

Torten und Gebäck sowie herzhaften Speisen wie Buchweizenpfannkuchen mit Thunfisch, Paprika und Käse nebst Bratkartoffeln mit Spiegelei.

La Corte China: Calle General Vives 53, Tel. 928 26 11 11, tgl. 12.30–16.30, 20–24 Uhr.
Das Restaurant nahe des Parque de Santa Catalina bietet exotische Speisen in gemütlich-buntem Ambiente: große Auswahl an vegetarischen Gerichten; ideal für den Bärenhunger sind die Tagesmenüs.

Meson Canarias:
Calle Tenerife 22,
Tel. 928 46 29 55.
Gemütliches Ambiente im rustikalen Kellergewölbe nahe der Promenade mit wunderbarem Angebot an kanarischen Spezialitäten, die schon in einem deutschen Schmaus-Magazin in höchsten Tönen gelobt wurden. Der Chef empfiehlt: *solomillo de la casa.*

El Padrino: Las Coloradas,
Calle Jesús Nazareno 1,
Tel. 928 27 20 94, Mi–Mo.
Weder das Interieur noch die Bedienung können dazu beigetragen haben, daß dieses Restaurant zu einem der beliebtesten und meistbesuchten der Stadt avanciert ist. Der Grund ist die unverfälschte kanarische Küche, vor allem Fisch und Meeresfrüchte, die man hier zu günstigen Preisen bekommt; etwas schwer zu finden, am besten per Taxi zu erreichen.

Parilla Reina Isabel:
Luxusrestaurant im Hotel
Reina Isabel (s. S. 48).
Restaurant mit herrlichem Ausblick über Stadt und Meer. Serviert wer-

den ausgezeichnete internationale Gerichte. Der Küchenchef empfiehlt *faisan al Whiskey* (Faisan in Whiskeysauce) und *rodaballo al Chablis* (Steinbutt in Chablis). Elegante Kleidung wird erwartet.
Sagar: Paseo de las Canteras 16, Di–So 17–23 Uhr.
Fabelhafter indischer Speisetempel mit wunderschönem Blick aus dem blauen Runderker auf die Promenade. Sehr nette Bedienung, insgesamt gelungene Atmosphäre.
El Novillo Precoz:
Calle Portugal 9,
Tel. 928 22 16 59,
Do–Di 10–16, 20–24 Uhr.
Erklärte Fleischesser mit Riesenhunger werden in diesem Grillrestaurant nicht nur preislich auf ihre Kosten kommen. Das preisgekrönte Haus gilt als *die* Parillada-Adresse im Archipel. Das verpflichtet, und entsprechend wird das Rindfleisch aus Uruguay importiert.

Die Geschäfte im Stadtviertel **Triana** an der Fußgängerzone Calle Mayor de Triana mit ihren Seitenstraßen, insbesondere der Av. de Mesa y López, lassen keine Wünsche offen. Hier erhebt sich der teure, mit einem Riesenangebot prunkende Konsumtempel **Corte Inglés.** In der Seitengasse Calle Domingo J. Navarro 7 findet sich ein Geschäft, das auch dem altkanarischen Kunsthandwerk gebührend Geltung verschafft.

Begehrte Souvenirs und Nippes findet man u. a. im **Pueblo Canario** (s. S. 45). Die Markthallen bieten bunten Trubel und günstige Lebensmittel. Vor allem der **Mercado de las Palmas,** Mo–Sa 8–15 Uhr, am Rande der Vegueta sei hier empfohlen. Allerlei Kitsch und Kram, afrikanischer Schnickschnack, deutsches Brot, Vögel und Kunterbuntes mehr werden jeden So 9–15 Uhr auf dem **Flohmarkt** am Mercado del Puerto angeboten.

Das Nachtleben der Stadt spielt sich insbesondere im Bereich des Parque de Santa Catalina und der Strandpromenade ab, wo unzählige Bars, Discos, Restaurants und Pubs einladen.

Yuppie-Treff ab 23 Uhr ist das **El 5** an der Plaza de la Victoria. Junge Leute bevorzugen das **1700** an der Calle Tomás A. Edison 2, während in der **Toca Toca-Disco,** Calle Secretario Artiles 24, das Motto herrscht »je ausgeflippter desto besser«. Dem Geldadel ist das **Pacha** an der Calle Simón Bolívar das höchste der Gefühle, einsame Herzen älteren Semesters und beiderlei Geschlechts schwingen im **Olimpia** an der Calle Luis Morote 46 allabendlich das Tanzbein, und für Jazz und Rock live ist u. a. das **Pool** an der Calle San Pedro zuständig.

Am 5. Januar läßt die **Cabalgata de los Reyes Magos,** der Umzug der Heiligen Drei Könige, Kinderherzen höher schlagen.

Der **Karneval** im Februar wird zwar überall auf der Insel gefeiert, aber nirgends geht's so feuchtfröhlich, bunt und ausgelassen zu wie in Las Palmas, das sich nicht zu Unrecht rühmt, das Rio Europas zu sein. (1999: 14.–21. Febr.)

Die Karwoche, **Semana Santa,** im März/April lockt mit zahlreichen farbenprächtigen Prozessionen.

Corpus Christi, Fronleichnam, wird mit großen Prozessionen gefeiert, im Rahmen derer die Plaza de Santa Ana in einen wahren Blumenteppich verwandelt wird. (1999: 3. Juni).

Der Jahrestag der Stadtgründung, der auf den **Día de San Juan** fällt, wird am 24. Juni mit

Umzügen und einer Reihe festlicher Veranstaltungen begangen.

16. Juli: der Schutzheiligen der Fischer, **Nuestra Señora del Carmen,** gewidmet.

Der zentrale unterirdische Busbahnhof **Estación de Guaguas de San Telmo** für alle Inselbusse befindet sich am Parque de San Telmo im Stadtviertel Triana. Fahrpläne hängen aus. Auskünfte erhält man unter Tel. 928 37 36 25 und 928 36 01 79. **Busverbindungen** bestehen mit nahezu allen Ortschaften der Insel, außerdem zum Aeropuerto de Gando (alle 30 Min. 6–19 Uhr, stündlich bis 23 Uhr) sowie in den Inselsüden (alle 15–20 Min. bis 20 Uhr, danach stündlich bis 23 Uhr).

Die Compañia Trasmediterránea, für alle **Fährverbindungen** im Archipel sowie nach Spanien zuständig, ist am Hafen niedergelassen, wo auch alle Schiffe ablegen: Muelle de Santa Catalina, Tel. 928 26 56 50, 928 27 38 84.

Es bestehen Schnellbootverbindungen (nur Personen) nach Santa Cruz de Tenerife (Mo–Fr fünfmal tgl., Sa, So dreimal tgl.) und Fuerteventura (Mo–Sa um 11 Uhr). Autofähren nach Santa Cruz de Tenerife mehrmals tgl., nach Fuerteventura um 23.45 Uhr und nach La Palma Mo, Mi und Fr um 18 Uhr sowie nach Cádiz in Südspanien.

Kleine Erfrischung gefällig?

Maspalomas

Lage: D/E 8/9

Die Ferienenklaven im Süden der Insel, Maspalomas, Playa del Inglés und San Agustín, sind zu einer Urlaubergroßstadt mit zahllosen Apartment- und Hotelanlagen verschmolzen, die Jahr für Jahr 2 Mio. Touristen beherbergen. Maspalomas gilt als der ästhetischere, ruhigere Ort des Trios. Tatsächlich finden sich hier die feinsten und wohl auch schönsten Adressen der Costa Canaria. Hinter dem Ozean schließt sich ein Meer aus Feinsand an, von Dünenkämmen durchzogen und mit 25 km^2 Ausdehnung eines der größten Strand-Eldorados Europas. Die Dunas de Maspalomas bilden eine Ruheoase, während sich gleich nebenan quirlige Strände anschließen, für die die Costa Canaria auch berühmt ist.

Die **Playa de Maspalomas** geht gen Norden in die 3 km lange **Playa del Inglés** und landeinwärts in die **Dunas de Maspalomas** über. Hier kann man wählen zwischen turbulentem Strandtreiben oder einem ruhigen Sonnenbad in den Dünen.

Freizeitaktivitäten s. Playa del Inglés, S. 55 ff.

Bungalows Sonora Golf: Av. Touroperador Kuoni, Tel. 928 76 62 36, Fax 928 76 62 37, moderat.

Ruhige Bungalowanlage inmitten einer 30 000 m² großen Blumenoase mit kleinen Wasserläufen, Swimmingpool und großer Sport- und Liegewiese. Jeder Bungalow hat ein Fleckchen Garten für sich.

Bungalows Campo Golf: Av. Touroperador Neckermann, Tel. 928 76 68 91, Fax 928 76 00 03, moderat. Schlichte weiße Häuschen im Grünen, ganz ähnlich der Sonora-Anlage, jedoch näher zum Strand.

Bungalows Dunaflor: Av. Touroperador Neckermann, Tel. 928 77 39 41, Fax 928 76 62 28, moderat. Prototyp der neuen Gattung platzsparender Anlagen, doppelstöckige weiße Reihenhäuschen mit farblichen Akzenten zur Wiedererkennung. Ein Gefühl von Enge läßt sich wahrlich nicht vermeiden, doch wer hier wohnt, der mag es so: »*easy contacting* ...«.

Palm Beach Hotel: Av. del Oasis, Tel. 928 14 08 06, Fax 928 14 18 08, Luxus. Haus der ›Seaside‹-Kette mit 358 eleganten Gemächern mit breit gefächertem Luxus und einem umfassenden Sportangebot.

Maspalomas Oasis: Av. del Oasis, Tel. 9 28 14 11 92, Fax 928 14 19 40, Luxus. Zusammen mit dem Palm Beach ist das Hotel eines der besten Häuser an der Costa Canaria, außerdem das einzige empfehlenswerte in Maspalomas mit direktem Strandzugang und herrlichem Meerblick.

Playa del Inglés und Maspalomas gehen fließend ineinander über; abends schlendert man nach Playa hinüber, wo das Restaurant-Angebot wesentlich umfangreicher ist (s. S. 59).

Amaiur, im Campo Golf (s. o.), Tel. 928 76 44 14, tgl.

13.30–15.30 und 20–23.30 Uhr, in der Nebensaison So Ruhetag. Helles, freundliches Restaurant mit Blick auf den Pool, frischer Fisch und pikant Gegrilltes, hausgemachte Desserts, preiswert.

L'Orangerie: Elegantes Restaurant im Palm Beach Hotel (s. o.). Serviert wird erlesene französische Küche, kanarisch angehaucht, zu ebenso erlesenen Preisen.

Fürs Nachtleben ist Playa del Inglés (s. S. 60 f.) zuständig, und nur im Einkaufszentrum **Faro II** geht hier allabendlich die Post ab. Spiralförmig schraubt sich die Erlebnisstraße mit Innenhof, Geschäften, Pubs und Kneipen nach oben. Sehr beliebt ist der **OK-Pub** ganz oben an der Außenseite, wo verschiedene Interpreten allabendlich für Stimmung sorgen; ab 20 Uhr gibt's Live-Musik oder Transvestitenshows aus Berlin.

Aktuelle Busfahrpläne mit allen Linien und Haltestellen

Dunas de Maspalomas: eine einzigartige Wüstenlandschaft

erhält man im Touristenbüro in Playa del Inglés (s. S. 57).

Von Maspalomas sehr gute **Busverbindungen** zu den Ferienorten der Costa Canaria, Ausflugszielen der Umgebung (z. B. Palmitos Park, Sioux City) sowie nach Arguineguín, Puerto Rico und Puerto de Mogán. Alle 15–20 Min. fahren Busse nach Las Palmas, außerdem nach Fataga, San Bartolomé und Ayacata bis Tejeda. Per Bus sind alle Orte entlang der Ostküste zu erreichen, Richtung Westen kommt man bis San Nicolás.

Mogán

Lage: B 6
Einwohner: ca. 700

Obstbäume, Bambus- und Palmenhaine machen das Kerbtal des Barranco de Mogán, an dessen oberem Ende auf 250 m Höhe der Ort Mogán liegt, zu einem der Gärten Eden Gran Canarias. Die Fruchtbarkeit ist sprichwörtlich, und entsprechend wohlhabend ist das Bergdorf. Bis in die 70er Jahre konnte man Mogán nur über schmale Pfade erreichen. Die küstennahe Abgeschiedenheit lockte viele ›Aussteiger‹ und Künstler an, und noch heute nehmen hier viele Individualurlauber Quartier. Das Meer ist nur 10 km entfernt, und das wilde Bergland ringsumher ist ideales Wandergebiet (s. auch Puerto de Mogán S. 62 ff.).

Im Ort werden zahlreiche Zimmer und Apartments vermietet, jedoch vorwiegend von privat und für Langzeitaufenthalte. Als Kontaktstellen dienen die Bars des Ortes sowie das Restaurante Acayumo (s. u.), wo ebenso Apartments vermietet werden.

Pensión Doña Mina: Carretera General 6 (am südlichen Ortseingang links unterhalb der Straße), Tel. 928 56 90 41, günstig.
Die Zimmer sind einfach und rustikal, sauber und mit Kochecken

ausgestattet. Da das Haus treue Stammgäste hat, muß man bereits Monate im voraus reservieren.

Restaurante Acayumo: Tostador 14, Tel. 928 56 92 63, Di–So 12–22.30 Uhr.
Kleine Außenterrasse, gemütliches Innengewölbe, nett dekoriert, mit offenem Grill, auf dem Fleisch- und Fischspezialitäten zubereitet werden. Der Maestro empfiehlt Fisch, insbesondere das Schwertfischfilet in Knoblauchsauce. Für den kleinen Appetit gibt's eine große Auswahl köstlicher *tapas*.

Regelmäßig **Busse** nach Puerto de Mogán sowie mehrmals tgl. Richtung San Nicolás.

Moya

Lage: E 2
Einwohner: ca. 7500

Moya, am steil abfallenden Ostrand des gleichnamigen Barranco auf 500 m Höhe knapp unterhalb der Passatzone gelegen, trägt den Beinamen *Villa Verde*. Als ›grünes Städtchen‹ gefällt es von allen Orten des Inselnordens wohl am besten. Die wunderbare Aussicht und die reizvolle Umgebung machen den Ort zu einem lohnenden Ausflugsziel.

Die aus den 50er Jahren stammende **Iglesia el Pilar** liegt wunderschön an der Steilkante des Barranco de Moya. Das reich verzierte Steinportal ist ein wahres Meisterwerk der Steinmetzkunst. Unter den Statuen im Kirchenraum (nur zu Messezeiten geöffnet) gefällt besonders die Jungfrau von Candelaria. Oberhalb der Kirche erstreckt sich ein sorgsam gepflegter Friedhof mit Nischengräbern in den umlaufenden Mauern. Von der Kirche bietet sich ein herrlicher Blick in den Barranco.

Museo Tomás Morales: Mo–Sa 10–14 Uhr.
Gegenüber der Kirche findet sich ein Museum zu Ehren des Dichters Tomás Morales Castellano (1884–

Bergdorf Mogán: Architektur im Grünen

1921), der hier seine Kindheit verbrachte.

Über die C 814 Richtung Guía gelangt man nach ca. 2 km zu einer Straße, die links zum **Barranco del Laurel** abzweigt (Beschilderung ›Los Tilos‹). Die uralten knorrigen Bäume sind Relikte eines ehemals den ganzen Norden bedeckenden Lorbeerwaldes, die heute unter Naturschutz stehen. Über einen Weg erreicht man nach ca. 12 km **Fontanales,** ein wunderschön inmitten des Passatgürtels gelegenes Dorf, das von sattem Grün umgeben ist. Am ersten So im Mai sollte man den **Viehmarkt** anläßlich der Fiesta de los Vecinos besuchen.

Im Zentrum von Moya laden mehrere einfache Bar-Restaurants ein. Zu empfehlen sind die **Meson Casa Placido** an der Calle Simon Milian 5, die Bar **Los Tilos** am Kreisverkehr (Dorftreff, schlichtes Interieur) sowie die Bar **Rincón del Kaiser** an der zentralen Plaza, wo man auch draußen sitzen kann.

Bizcochos de Moya, köstliches Zuckergebäck, sind *die* Spezialität in Moya und in nahezu allen Bäckereien und Läden der Stadt erhältlich.

Busverbindungen nach Las Palmas.

Playa del Inglés

Lage: E 8/9

In Playa del Inglés herrscht wohl der größte Rummel der Urlaubergroßstadt Costa Canaria. Es locken nicht weniger als 400 Lokale, 60 Discos, rund 300 Apartmentanlagen und zwei Dutzend Großhotels. Die Straßenzüge gleichen sich wie ein Ei dem anderen, Deutsch ist Umgangssprache. In Spitzenzeiten sind es nicht weniger als 100 000 Touristen, die in dieser reinen Retortenstadt wohnen und sich tagsüber am schönen und weitläufigen Strand der Lust auf Selbstverbrennung hingeben. Wer den Ort zu seinem Urlaubsdomizil erkoren hat, kann sich kaum dem pulsierenden Nachtleben entziehen, denn auch für Nachtschwärmer gibt es europaweit kein Pendant zu dieser Ferienmetropole.

Fast 3 km lang, 50 m breit, goldfarben und feinsandig – so präsentiert sich die schöne **Playa del Inglés,** die im Norden in die Playa de las Burras von San Agustín und gen Süden in die Playa de Maspalomas übergeht. Die Infrastruktur ist top, zu ›Stoßzeiten‹ herrscht aber trotz der Ausdehnung drangvolle Enge.

Holiday World: Maspalomas, Campo Internacional, tgl. ab 18 Uhr.
Der größte Vergnügungspark der Kanarischen Inseln wartet mit vielen Attraktionen auf. Neben Riesenrad, Achterbahn und anderen spektakulären Karussells lädt u. a. ein schwimmender Mississippi-Dampfer zu einer beschaulichen Fahrt ein.
Aqua Sur: Carretera Los Palmitos Parque bei Maspalomas, tgl. ab 10 Uhr.
Gigantischer Wasservergnügungspark mit einer 5300 m² großen Pool-Landschaft und 29 Rutschbahnen.
Ocean Park: Maspalomas, tgl. ab 10 Uhr.

Ein weiteres Paradies für Wasserratten ist dieser Wasservergnügungspark mit 22 Rutschbahnen.

Palmitos Park: 8 km von Playa del Inglés am Ende der Carretera Los Palmitos Parque, tgl. 9–18 Uhr, Anfahrt von den Ferienzentren per Shuttlebus möglich.

Die über 200 000 m² große subtropische Oase ist ein wahres Vogel-, Schmetterlings- und Palmenparadies. Das Orchideenhaus gilt als das größte Europas, auch ein riesiges Aquarium ist angegliedert. Achtmal tgl. werden Papageienshows vorgeführt. Schöne Wanderwege führen durch die herrliche Grünanlage, und da auch Restaurants zur Verfügung stehen, kann man sich hier durchaus einen ganzen Tag lang aufhalten.

Sioux City: Nordwestlich von San Agustín am Ende des Barranco del Aguila, Di–So.

Vor der Wildwestkulisse der Westernstadt wurden schon einige Filme gedreht. Um 12 und 18 Uhr Stunts, Rodeos, Reiterszenen etc., Fr ab 20 Uhr ›Westernnight‹ mit Barbecue und Country-Musik.

Fallschirmspringen:
Playa del Inglés, Paseo Marítimo, Tel. 928 77 27 31.

Beliebt ist der Tandemsprung mit einem Profi für ca. 25 000 Ptas.

Go-Kart-Bahn: Carretera del Sur, km 46, westlich von Maspalomas, Tel. 928 76 00 90, tgl. 11–22 Uhr.

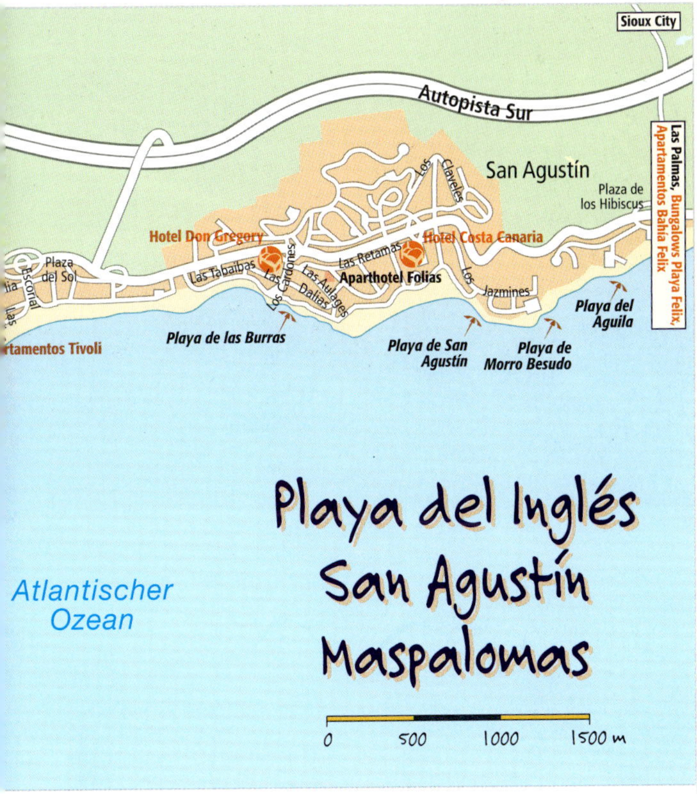

Go-Kart-Fans werden von der mit 1650 m angeblich längsten Go-Kart-Rennbahn der Welt des Gran Karting Clubs begeistert sein. Es gibt spezielle Bahnen für Kinder ab fünf und Jugendliche ab zwölf Jahren.

Reiten: Die Insel kann man hoch zu Roß erkunden, Ausritte organisiert u. a. die Rancho Grande in Juan Grande, Playa del Inglés, Tel. 928 72 81 15.

Tauchen: Wer die Unterwasserwelt der Insel kennenlernen will, kann u. a. in der internationalen Tauchschule des Clubs Sun Sub im Hotel Buenaventura Playa (s. S. 59) in Playa del Inglés an Tauchexkursionen (ab 4000 Ptas) und Tauchkursen (ab 37 000 Ptas) teilnehmen, bei denen man auch ein Zertifikat erwerben kann.

Centro Insular de Turismo: Centro Comercial Yumbo, Tel. 928 76 25 91, 928 77 15 50, Mo–Sa 9–21 Uhr.
Allgemeine Infos zu den Touristenzentren und zur ganzen Insel. Keine Unterkunftsvermittlung.

In Playa del Inglés, San Agustín, Maspalomas und Puerto Rico sind die meisten Unterkünfte fest in den Händen der Pauschalveranstalter, so leider auch die hervorragend geführten und beliebten Häuser der RIU-

Die Costa Canaria bietet Wasserspaß jeder Art

Gruppe. In der Saison ist es schwer, individuell eine freie Bleibe zu ergattern. Mit etwas Glück gelingt dies über **Zimmervermittlungsdienste** (s. u.). Generell sollte man mit einem Preis ab 7000 Ptas für ein Doppelzimmer oder Apartment rechnen.

Suntourist: Av. de Tirajana 29, Tel. 928 76 64 89, 928 76 23 67, Fax 928 76 35 07, tgl. 8–21 Uhr. Büro unter deutscher Leitung, das als Unterkunftsbörse für den gesamten Inselsüden fungiert.

Appartement Service S.L.: Michael Eder, Alfereces Provisionales 4, Tel. 928 76 23 40, Fax 928 76 51 03. Vermittlung von Unterkünften im Inselsüden.

Residencia San Fernando: Calle La Palma 16, Centro Comercial San Fernando, Tel. 928 76 39 06, günstig. Hier werden 50 sehr einfache, aber saubere Doppelzimmer (Etagenbäder) für nur 2500 Ptas vermietet – die einzige preisgünstige Ausnahme im Ort.

Apartamentos Tinache: Av. de Tirajana/Av. de Bonn 23, Tel. 928 76 98 70, Fax 928 76 33 18, moderat. Sehr schlichte Apartments in zentraler, aber nicht unbedingt schöner und ruhiger Lage; mit Pool.

Apartamentos Tivoli: Av. de Madrid 10, Tel. 928 76 73 24, Fax 928 76 85 97, moderat. Recht kleine, ansprechende Apartments mit Balkon auf einem kleinen Grundstück mit Pool und Blumenlandschaft.

Hotel Sahara Playa: Av. Alféreces Procisionales 30, Tel. 928 76 29 00, Fax 928 76 29 14, moderat. Strandnahes Hotel, das ein Zimmerkontingent für Individualtouristen bereithält.

Casa Pepe: Av. de Bonn 1, Tel. 928 76 28 18, Fax 928 76 98 99, moderat/teuer. Apartmentanlage unter deutscher Leitung direkt an der Strandpromenade. Die Einheiten (50m²) sind nett möbliert und mit Kochecke ausgestattet, z. T. mit Meerblick; mit Pool und schön begrüntem

Garten – *der* Tip in dieser Preisklasse.

Hotel Buenaventura Playa: Plaza de Ansite/Calle Ganigo 6, Tel. 928 76 16 50, Fax 928 76 83 48, teuer.
Wer in diesem wahrhaft lebhaften Hotel mit 724 Zimmern wohnt, will es laut und aufregend haben, liebt lange Nächte, sucht Anschluß und *action*. Die Zimmer sind in Wohn- und Schlafbereich unterteilt und 40 m^2 groß. Die Anlage verfügt über Swimmingpools, Tennisplätze, Boutiquen, Bars, Restaurants, eine Disco und eine Tauchschule. Für reichlich Abwechslung und gegenseitige Kontaktaufnahme sorgt ein Animationsteam.

Park- und Sporthotel Helga Masthoff: Barranco de Los Palmitos, Tel. 928 14 21 00, Fax 928 14 11 14, Direktbuchung in Deutschland über Tel. 0211/680 17 25, Fax 66 63 26, teuer/Luxus.
Oberhalb des Palmitos Park gelegenes Privathotel mit außergewöhnlichem Flair: 37 individuell gestaltete Zimmer und Suiten, alle mit Balkon oder Terrasse, subtropische Parkanlage mit phantastischem Blick ins Tal sowie ein ausgereiftes Wellness- und Spa-Areal. Ruhesuchende und Sportfans kommen gleichermaßen auf ihre Kosten: gleich sechs Tennisplätze und ein Golfübungsplatz locken den Aktiven, qualifizierte Lehrer inklusive.

Sandy Beach Seaside Hotel: Av. Menceyes, Tel. 928 77 27 26, Fax 928 76 72 55, teuer/Luxus.
Gut geführtes Drei-Sterne-Haus unweit des Strandes. Die Zimmer wurden in den letzten Jahren renoviert und bieten besten Gegenwert fürs Geld. Das überzeugende Sportangebot rund um den Pool hält für jeden Urlauber etwas bereit – *die* Empfehlung für alle, die in diesem Preisrahmen mitten in Playa wohnen möchten.

Bei der unübersehbaren Zahl an Restaurants kann nur eine Auswahl vorgestellt werden:
Centro Comercial Yumbo: Hier finden sich auf mehreren Etagen Bars, Cafés, Restaurants, Discos und Geschäfte. Einige ›Iß-so-viel-wie-Du-willst‹-Restaurants bieten wahre Mega-Buffets an. Live-Musik zum Essen gibt's im **Tropicana,** tgl. 10–24 Uhr, wo man für 995 Ptas zuschlagen darf, Kinder zahlen 495 Ptas. **Quickly,** Av. de Francia, gegenüber vom Cita: Snacks wie in Holland an Zee op de zonnige zomerterras, leckere Pommes, Kroketten und alles natürlich mit Apfelmus.

Paseo Marítimo: Der Restaurant-Tempel an der Promenade vereint ebenso mehrere gastronomische Betriebe unter einem Dach, von denen fast alle deutsche Namen tragen. Im **Café Mozart,** im **München** und im **Frankfurt** kann man sich beim deutschsprachigen Fernsehprogramm und ›heimischer‹ Küche wie zu Hause fühlen. Am Wochenende wird man über die aktuellen Resultate der deutschen Bundesliga informiert.

Bali: Av. de Tirajana/Av. de Bonn, Tel. 928 76 32 61, tgl. 12.30–24 Uhr.
Wer der drangvollen Enge der ›Futterkrippen‹ entfliehen will, sollte sich in die vielfältige kulinarische Welt Indonesiens entführen lassen. Auch das **El Puente** sei wärmstens empfohlen (s. u. San Agustín).

In den vielen mehrstöckigen **Einkaufszentren** (*Centros Comerciales*) – Kasbah, Cita, Yumbo etc. – gibt es zahllose Läden, Supermärkte, Bars und Restaurants.

Eine deutsche **Metzgerei** und eine **Bäckerei** mit diversen Brotsorten gibt es im Viertel San Fernando. Dort werden auf dem **Wochenmarkt** jeden Mi und Sa neben Lebensmitteln Souvenirs angeboten.

Das Nightlife von Playa del Inglés vorzustellen, käme in etwa dem Versuch gleich, die Hochhäuser von New York zu präsentieren. Die Nacht, die hier ab Mitternacht beginnt, ist ganz und gar dem Vergnügen gewidmet. In den Tempeln der Urlaubslust geht's erst ab 2 oder 3 Uhr morgens los. Wer auf ›Schnuppertour‹ gehen will, sollte in der **Cita** zwischen Av. Francia und Av. Alemania starten, wo nächtliche Vergnügungen aller Art geboten werden. **Sascha's** Cocktailbar an der Av. Tirajana ist Schickimicki-Treff für Leute mit gehobenen Ansprüchen. Das **Pascha,** Av. Tirajana, wirbt mit Udo Jürgens im Schaufenster und will, wie das an der gleichen Straße gelegene **Boney M.,** ältere Semester ansprechen. Im **Chic** im Einkaufszentrum Kasbah trifft sich dem Namen gemäß mit Vorliebe das ›schicke Volk‹; das **Bananas** zieht vor allem junge Leute an. Wer es anzüglich mag, kann im **Bamba** die ›Miss Sexy Tanga‹-,

Wenn die Sonne untergeht: Strandidylle in Puerto de las Nieves

›Mister Sexy Boy‹-, ›Oben ohne‹- oder ›Reizwäschemoden‹-Shows besuchen.

Busverbindungen s. Maspalomas, S. 52 f.

Puerto de las Nieves

Lage: B/C 2
Einwohner: ca. 500

Puerto de las Nieves lebt vom Fischfang und den Touristen, die den Hafen von Agaete zum beliebten Ausflugsziel erkoren haben. Nicht nur am Wochenende strömen Ausflüger vor allem aus Las Palmas herbei, um in den zahlreichen Fischrestaurants einzukehren. So ist es bisweilen schwierig, in den Strandlokalen einen freien Platz zu ergattern, und selbst die Kamele und Esel, die von hier aus Touristen herumschaukeln, sind dann alle besetzt.

Hauptsehenswürdigkeit ist der südlich der Küste vorgelagerte und 30 m hohe Felsmonolith, entsprechend seiner Form **Dedo de Dios,** ›Finger Gottes‹, genannt. Vom Strand aus zeigt er sich von seiner bester Seite.

Direkt am Parkplatz gegenüber der Hafenpromenade erhebt sich die **Ermita de las Nieves** in strahlendem Weiß. Das hübsche Kirchlein, das der Dorfheiligen Virgen de las Nieves geweiht ist, birgt einen der wertvollsten Kirchenschätze der Insel: einen dreiteiligen Altaraufsatz, der 1533 von Flandern hierher gebracht wurde. Geöffnet ist die Kirche nur am So vormittag sowie Sa nachmittag nach den Messen, doch gegenüber im Haus Nr. 2 wohnt ein gewisser Antonio, der Schlüsselhalter, der interessierten Besuchern für ein sattes Trinkgeld die Pforte öffnet.

Von Puerto de las Nieves bieten sich Ausflüge nach Gáldar (s. S. 39 ff.), Agaete und ins angrenzende Valle de Agaete (s. S. 28 f.) an.

Im nahegelegenen Agaete und in El Risco (s. S. 29) gibt es mehrere Unterkunftsmöglichkeiten. In Puerto de las Nieves werden Privatzimmer vermietet. In den lokalen Bars und in der Frutería Lili an der Kirche kann man Adressen erfragen.

Am Hafen gibt es zahlreiche Restaurants, die sehr touristisch aufgemacht sind. Wesentlich ruhiger und idyllischer speist man im Nachbarort Agaete.
Restaurante Dedo de Dios: Puerto de la Nieves, an der alten Mole, tgl. 10–24 Uhr.
Den schönsten Ausblick auf die Steilküste und den ›Finger Gottes‹ genießt man wohl vom Wintergarten dieses Restaurants.

Am 16. Juli wird das Fest zu Ehren der Schutzheiligen der Fischer, **Nuestra Señora del Carmen,** gefeiert.

Autofähre nach Santa Cruz de Tenerife tgl. 7, 13, 17 und 19 Uhr; Tickets auch in den Reisebüros der Touristenzentren im Süden erhältlich.

Puerto de Mogán

Lage: B 7
Einwohner: ca. 500

Dort, wo sich der subtropisch grüne und von steilen Felsflanken gesäumte Barranco de Mogán zum Meer öffnet, liegt dieser erst in den 80er Jahren aus einem winzigen Fischerdorf hervorgegangene Ferienort. Mit seiner niedrigen Bebauung im kanarischen Stil ist es das mit Abstand schönste Urlaubszentrum der gesamten Insel. Puerto de Mogán, wegen seiner Kanäle auch ›Klein-Venedig‹ genannt, besitzt einen mondänen Jachthafen. Anstelle eines versnobten Jet-Sets logieren in den rund 2000 Gästebetten des Ortes all jene Normaltouristen, die einen gewissen Individualismus schätzen und den im Süden sonst so geballt auftretenden Massentourismus nicht mögen.

Submarine Adventure: Am Ende der Mole, Tel. 928 56 51 08.
Eine besondere Attraktion ist eine 40minütige Fahrt mit dem U-Boot »Yellow Submarine«, das 15 m tief ins Meer abtaucht (4500 Ptas/Person). Start tgl. um 10, 10.50, 11.40, 12.30, 13.20, 14.10, 16 und 16.50 Uhr. Kostenloser Buszubringer ab Playa del Inglés.

Weitere Aktivitäten s. Playa del Inglés, S. 56 ff.

Der graue Kiesstrand der **Playa de Mogán** macht optisch nicht viel her, ist aber zum Baden gut geeignet, da er vor Wellen geschützt ist.

Schöner präsentiert sich die felsgefaßte **Playa del Diablito** (auch Playa del Taurito) weiter östlich bei den Hotels Taurito Princess und Suite Princess, die zudem über riesige Pool-Anlagen verfügen, die für die Öffentlichkeit offenstehen.

Mit dem Boot kann man die westlich angrenzende **Playa de Veneguera** anfahren. Der Strand liegt sehr einsam und verfügt über keine Infrastruktur.

Am Hafen werden Boote zur **Playa de Güigüí** vermietet (Extra-Tour 5, s. S. 92 f.).

Von allen Ferienorten an der Küste hat man hier die größte Chance, als Individualreisender ein Zimmer, Apartment oder Studio zu finden. Neben den nachfolgend aufgeführten Adressen bieten zahlreiche Privatleute Unterkünfte an, die zumeist über die Bars am Ort vermittelt werden. Lohnend für die Zimmersuche ist der Stadtteil **Lomo Quiebre,** der sich unmittelbar am Ortseingang rechts den Hügel hinaufzieht, z. B.:
Pensión Lucrecia: Lomo Quiebre 16, Tel. 928 56 56 43, günstig.

Einfache Zimmer ohne Bad, dafür mit Familienanschluß.

Pensión Eva: Lomo Quiebre, Tel. 928 56 52 35, günstig.
Die zehn Doppelzimmer sind einfach eingerichtet. Es stehen zwei Gemeinschaftsküchen und eine große Sonnenterrasse zur Verfügung.

Pensión Lumy: Lomo Quiebre 21, Tel. 928 56 53 18, günstig.
Hoch über dem Ortsteil Lomo Quiebre thront diese romantische Herberge mit vielen Treppchen, verwinkelten Gängen und gleich drei Dachterrassen (Traumblick). Die Zimmer (Gemeinschaftsbäder) sind zwar schlicht, aber sehr gepflegt und tiptop sauber. Inselweit gibt es wohl keine Unterkunft in dieser Preisklasse (Zimmer zu 2000 Ptas), die dieser Pension das Wasser reichen kann.

Hotel Club de Mar:
Tel. 928 56 50 66,
Fax 928 56 54 38, teuer.
Attraktiver zweigeschossiger Hotelkomplex am Jachthafen mit freundlicher Atmosphäre und komfortablen Zimmern mit hübschem kanarischen Dekor. Nur im Sommer auch individuell zu buchen, im Winter meist von Pauschalurlaubern belegt. Gutes Restaurant, zwei Pools und eine Bar.

La Venezia de Canarias:
Tel. 928 56 56 00,
Fax 928 56 57 14, moderat/teuer.
Der Hafen wird von schmucken kleinen Häuschen gesäumt, in denen komfortable, z. T. luxuriös ausgestattete Apartments vermietet werden.

Hotel Taurito Princess:
Playa del Diablito,
Tel. 928 56 51 80,
Fax 928 56 55 66, teuer.
Spektakulär an der Felsflanke klebende Terrassenanlage mit allem nur denkbaren Komfort, einer monumental großen Pool-Landschaft und 392 Zimmern.

Hotel Suite Princess:
Playa del Diablito,
Tel. 928 56 50 03,
Fax 928 56 57 08, teuer.
Direkt an den Fels gebaute Luxusanlage gegenüber dem Hotel Taurito mit riesigen Zimmern, Marmorbädern, traumhaftem Meerblick und einer noch größeren Pool-Anlage sowie luxuriösem Komfort.

In Puerto de Mogán, vor allem am Hafen, locken Dutzende ganz hervorragende Restaurants – eine Auswahl:

Costa Bella: Hafenpromenade, Local 110, Tel. 928 56 50 92.
Klasseblick, der *vino* fließt aus amphorenartigen Karaffen, der Fisch ist stets fangfrisch, die kanarischen Gerichte sind authentisch und die Steaks schlicht super.

El Faro, am Ende der Mole,
Tel. 928 56 53 73, tgl. ab 13 Uhr.
Auf der Rundterrasse über dem Meer kann man (bei gehobenen Preisen) das einzigartige Panorama, die sanfte musikalische Untermalung, das angenehme Ambiente und das Essen genießen.

The Grand Blue: Hafenpromenade, Tel. 928 56 55 64.
Crêperie und Pizzeria in einem, außerdem gibt's köstliche, hausgemachte Kuchen.

La Bodeguilla Juananá:
Hafenpromenade, Local 390,
Tel. 928 56 50 44, Di–So, im Sommer nur abends ab 19 Uhr, sonst auch mittags 12–15.30 Uhr.
In diesem urigen Ecklokal, mit allerlei Kunsthandwerk ausgestattet (auch Verkauf), sitzt man auf Weinfässern; allerbeste kanarische Küche – traditionell und *nouvelle cuisine* –, unzählige Käse- und Weinsorten.

La Caracola: Hafenpromenade, Tel. 928 56 54 86, tgl. ab 19 Uhr, Juni–Aug. geschl.
In diesem Schlemmer-Restaurant mit nur 20 Plätzen wird nicht einfach nur gekocht, sondern ›kreiert‹. Wer mag, kann dem Meister dabei gerne zuschauen. Fraglos das beste Restaurant weit und breit, dabei hohe (um 4000 Ptas/Menü), aber unbedingt adäquate Preise.

Busverbindungen tgl. nach Mogán, mehrmals tgl. Richtung San Nicolás sowie halbstündlich nach Playa del Inglés.

Stündlich (11.45–16.45 Uhr) legen die **Boote** der Lineas Salmon nach Puerto Rico ab.

Puerto Rico

Lage: B/C 8

Wie die Ränge eines blendendweißen Amphitheaters ziehen sich die Apartmentanlagen dieser Retortenstadt mit ca. 20 000 Gästebetten bis 120 m hoch ins steil ansteigende Landesinnere hinein. Am Meer umschließen sie eine halbmondförmige Sand- und Hafenbucht. Auch wenn die Bebauung etwas zu erdrückend ausfiel, so kann der Ort dennoch gefallen. Er rühmt sich, das größte Wassersportzentrum des Archipels zu sein.

Die **Playa de Puerto Rico** ist eine feine, weiße Sandfläche in einem geschwungenen Halbrund. Der künstlich aufgeschüttete Strand gilt als einer der schönsten der Insel. Doch der Raum ist knapp, zwischen 10 und 16 Uhr herrscht hier in der Saison drangvolle Enge.

Bootstouren: In Puerto Rico und Puerto de Mogán starten zahlreiche Bootstouren (Zubringerbusse gibt es von allen Ferienzentren). Die Unterwasserwelt läßt sich bei einer Fahrt mit dem **Glasboden-Katamaran Aquarium Cat,** erkunden, tgl., Tel. 928 76 72 48. Tgl. um 10.30 Uhr lichtet der **Windjammer San Miguel** seinen Anker, Tel. 928 76 00 76.
Segeln und Surfen: Surfer und Segler finden in Puerto Rico ideale Bedingungen vor. Das **Wassersportcenter Overschmidt** bietet Surfkurse an und verleiht Ausrüstungen, Tel. 928 56 08 12 (jeweils ab 25 000 Ptas/Woche). Für ca. 7500 Ptas/Tag kann man eine Segeljolle mieten. Ein zehntägiger Kurs mit Erwerb des A-Scheins kostet ca. 67 000 Ptas.

Weitere Aktivitäten s. Playa del Inglés, S. 55 ff. und Puerto de Mogán, S. 62.

Fomento de Turismo: Centro Comercial, Tel. 928 56 00 29, Mo–Fr 9–13, 16–19 Uhr.
Zuständig ist auch das Touristenbüro in Playa del Inglés (s. S. 57).

Da auch in Puerto Rico die meisten Unterkünfte von Pauschaltouristen belegt sind, finden Individualreisende nur schwer eine Bleibe (Zimmervermittlungsdienste s. Playa del Inglés, S. 58).
Apartamentos Santa Lucia: Monika Janke, Av. de la Graciosa 12, Tel./Fax 928 56 08 68, günstig.
Diese Anlage unter deutscher Leitung bietet mehr als die meisten deutlich teureren Anlagen: nette Apartments mit Küche und Terrasse, kleine Studios, individuell gestaltete Zimmer mit Balkon bzw. Terrasse, AC, Radio und Safe, Pool

solar beheizt, in dem auch Allergiker baden können.
Ipanema Park: Tel. 928 56 01 83, Fax 928 56 03 00, moderat.
Sehr ansprechende Terrassenbau-Anlage mit Tennisplätzen, Pool zum Schwimmen und Schauen an der Brüstung zum Hafen, Restaurant, Supermarkt und Apartments, die in fröhlichen Pastelltönen die Urlaubsstimmung untermalen.
Aparthotel Puerto Azul:
Tel. 928 56 05 91,
Fax 928 56 14 93, moderat.
Dieses Haus, sehr beliebt bei spanischem Publikum, ist auch individuell nahezu stets problemlos buchbar und liegt hoch über dem westlichen Ausläufer der Bucht. Das verspricht phantastische Panoramen von den geräumigen Terrassen der 386 Apartments aus, die knapp 60 m² groß und komfortabel eingerichtet sind. Ansonsten locken hier Einrichtungen wie Bar, Restaurant, Disco und Pool. Zur Playa pendelt ein Shuttlebus.

Strandhotel Riviera:
Playa del Cura, 1 km westlich,
Tel. 928 56 09 37,
Fax 928 56 07 26, moderat.
Das Haus liegt direkt am Meer am schönen, hellbraunen Strand. Es stammt noch aus den Anfangstagen des Tourismus, wurde aber renoviert und bietet korrekte Apartments sowie günstige Bungalows. Nur pauschal zu buchen über Playa del Cura Reisen, Wengelspfad 1, D-76889 Steinfeld, Tel. 063 40/904 60, Fax 5497; in Deutschland kann man Informationen über die kostenlose Servicenummer 0130/86 60 61 abrufen.

Camping Guantanamo:
Playa de Tauro,
Tel. 928 56 02 07.
Sehr einfacher und staubiger Platz mit Baumschatten, etwas veraltet und leidlich sauber – der einzige offizielle Campingplatz im Süden Gran Canarias. Das Auto kostet 330 Ptas/Tag, 330 Ptas sind pro

Von der Playa de Puerto Rico sind es nur wenige Meter zu den Cafés und Lokalen an der Strandpromenade

Freizeitgestaltung in Puerto Rico: Spritztour auf dem Wasser ...

Person zu zahlen, für Zelt, Caravan oder Wohnmobil ca. 400 Ptas.

Don Quijote: Edificio Porto 11/12, Tel. 928 56 09 01, Mo–Sa 14–24 Uhr.
In diesem rustikal bis anheimelnd eingerichteten Lokal gibt's Fisch vom Feinsten, vor allem Flambiertes und Paella.
Puerto Azul: Im Aparthotel Puerto Azul (s. S. 65).
Self Service Piscina: »Essen bis zum Umfallen« könnte das Motto des Buffets lauten, das Salat- und Gemüsefreunden besonders gefallen wird; nette Atmosphäre in schmucken Pavillons am Swimmingpool (1295 Ptas).

Halbstündlich fahren **Busse** nach Puerto de Mogán sowie nach Las Palmas, mehrmals tgl. nach San Nicolás.
Boote der Lineas Salmon legen stündlich (11–16 Uhr) nach Puerto de Mogán ab; alle 2 Std. nach Arguineguín (10.30–16.30 Uhr).

San Agustín

Lage: E/F 8

Das Dreigestirn der Touristengroßstadt Costa Canaria findet mit San Agustín seine nördliche Begrenzung. Mitten durch die Stadt rauscht die Autobahn, Shoppingzentren ersetzen den fehlenden Stadtkern. Optisch unterscheidet sich der Ferienort nur in Nuancen von Playa del Inglés, das sich im Süden anschließt. Allerdings dominieren in San Agustín die Apartmentanlagen, von denen es über 50 gibt. Der Strand liegt wind- und wellengeschützt und zieht vor allem Familien und ältere Gäste an. Viele Rentner wählen den Ort als Winterquartier. Im Gegensatz zu Maspalomas und Playa del Inglés führt das Nachtleben ein etwas stiefmütterliches Dasein.

Die rund 600 m lange und 40 m breite **Playa de San Agustín** wird durch einen Felsen in eine kleine südliche und eine

... oder Kunst im Sand

große nördliche Bucht getrennt, hat feinen, aber dunklen Sand und ist ideal zum Baden geeignet. Auch an der sich nördlich anschließenden **Playa del Aguila** (700 m lang, 30 m breit, feinsandig und hell) findet man gute Badebedingungen vor. Gen Süden schließt sich die bis über 100 m breite und rund 400 m lange helle Feinsandfläche der **Playa de las Burras** an, die in die Playa del Inglés übergeht.

Surfer zieht es zur Bahía Feliz und ihrem **Club Mistral Canarias,** Tel. 928 76 46 00. An der Playa del Aguila befindet sich das **F-2 Surfcenter** des siebenfachen Surfweltmeisters Björn Dunkerbeck, Tel. 928 76 29 78. Weitere Aktivitäten s. Playa del Inglés, S. 55 ff.

Touristenbüro s. Playa del Inglés, S. 57.

Auch hier dominieren die von Pauschalveranstaltern belegten Unterkünfte (s. S. 58).

Aparthotel Folias: Playa de San Agustín, Calle las Retamas 17, Tel. 928 77 40 75, Fax 928 77 40 36, moderat. Das Haus der ›Nordotel‹-Kette wird vorwiegend von skandinavischen Pauschalreisenden frequentiert, ist im Sommer jedoch meist problemlos individuell zu buchen. Die Apartments ab der zweiten Etage haben Meerblick; mit Pool.

Bungalows Playa Feliz: Bahía Feliz, Playa de Tarajalillo, Tel. 928 76 78 03, Fax 928 76 78 34, moderat. Anlage mit 222 klimatisierten Bungalows in edlem Design direkt am schmalen, schwarzen Strand.

Apartamentos Bahía Feliz: Bahía Feliz, Playa de Tarajalillo, Tel. 928 76 90 00, Fax 928 76 46 12, moderat. Große Apartments, terrassenförmig angelegt, alle mit Blick aufs Meer. Angeschlossen ist ein trotz touristischer Prägung recht schönes ›Kanarisches Dorf‹ mit Restaurants, Shops etc.; gigantische Pool-Landschaft mit großer Liegewiese.

Restauranttip: El Puente

Das El Puente in San Agustín (Calle las Dalias, Tel. 928 77 34 89) ist ein Restaurant der persönlichen Art. Bei den wirklich außergewöhnlich schmackhaften Speisen kommt man schnell mit dem Personal ins Gespräch. Die Kellner und Kellnerinnen nehmen sich Zeit und gemeinsam genießt man dann den bezaubernden Blick auf die Küste, die das Abendlicht in ein schönes Licht taucht. Zu empfehlen sind vorweg Aïoli mit warmen Minibaguettes, danach die Seezunge vom Grill oder die reichhaltige Gemüseplatte, dazu dann eine Karaffe köstlich-kühlen Weißweins des Hauses...

Hotel Costa Canaria: Playa de San Agustín, Calle las Retamas 1, Tel. 928 76 02 00, Fax 928 76 14 26, teuer. Überzeugendes Luxushotel mit internationalem Standard. Großer Tropengarten, Pool und vielseitiges Sportangebot. Für Spontanbucher gibt's vor allem in der Nebensaison oft Schnäppchenpreise. Tip: die Zimmer ab der dritten Etage haben schönen Meerblick.
Hotel Don Gregory: Calle las Dalias 11, Tel. 928 77 38 77, Fax 928 76 99 96, Luxus. Dieser von außen so graue Kastenbau bietet im Innern alles, was das verwöhnte Herz begehren mag. Höchst luxuriöse Zimmer, ab dem zweiten Stock mit Meerblick; direkter Zugang zum Strand.

Recht gutes Essen und eine große Auswahl an verschiedenen gastronomischen Betrieben bietet **La Rotondita,** ein Vergnügungsrondell in Strandnähe. Hier laden u. a. ein Grillhouse, eine Pizzeria und das **Deutsche Café** (hausgemachte Torten und Tchibo-Kaffee) ein; abends Live-Musik.

Hört man **Texas Grill,** denkt man an Touristennepp. Doch in diesem Lokal zwischen Rotondita und Strand sitzt man prächtig auf der Terrasse mit Ozeanblick, die Portionen sind groß, gut und günstig. Empfehlenswert ist z. B. die Seezunge gebraten, mit Muscheln und Garnelen reich dekoriert.

Busverbindungen s. Maspalomas, S. 52 f.

San Bartolomé de Tirajana

Lage: E 5
Einwohner: ca. 1800

Die Lage des Ortes zu Füßen eines mächtigen und von steil aufragenden Bergmassiven flankierten Kessels ist höchst eindrucksvoll und hinreichender Grund für einen Besuch des Dorfes, das Verwaltungssitz des größten *municipios* Gran Canarias ist.

Spektakuläre Felslandschaften und atemberaubende

Panoramen verspricht eine Fahrt durch das Felsrund des **Barranco de Tirajana** Richtung Santa Lucía über schmale und abenteuerliche, aber noch mit normalen Fahrzeugen befahrbare Straßen (Extra-Tour 2, s. S. 86 f.).

Bar/Pension Santana: Zentrum, an der Durchgangsstraße, Tel. 928 12 71 32, günstig Einfachste Zimmer ohne jeden Komfort, mäßig sauber, Etagenbäder. Wer nichts als ein Dach über dem Kopf sucht, mag hier unterkommen.

Club El Oso: Embalse de Chira,
Tel. 928 12 90 04,
Fax 928 12 90 46,
Mobiltel. 908 65 79 03.
In vollkommener Einsamkeit am Ufer des Chira-Stausees inmitten einer wahren Naturoase gelegene Anlage im Almhütten-Stil mit sauberen, aber engen Zimmern, Aufenthaltsraum, Sauna, Swimmingpool, Sonnenterrasse und Restaurant. Eine Clubmitgliedschaft ist nicht mehr erforderlich. Im Tagespreis (4750 Ptas/Person) sind Halbpension, Sauna und Nutzung der Kanus enthalten. Das Haus gehört einem Deutschen, der Angel-, Kanu-, Rad- und Wandertouren organisiert. 20minütige Anfahrt über die Straße Richtung Tejeda, bei km 66 links zum Stausee (keine Schilder) abbiegen. Ein rot-gelbes Kanu weist den Weg zur Anlage.

Bar Guanche: Eckhaus gegenüber dem Kirchplatz. Treff der Dörfler, einfach eingerichtet und in schwarz-weiß gehalten. Ideal, um verschüttete Spanischkenntnisse bei einer Karaffe *vino* aufzufrischen.

El Castillo Mirador: Ca. 2 km südlich an der Straße nach Fataga. Schöne Aussicht von der Restaurantterrasse. Die ist kostenlos und so grandios wie die Preise fürs Frühstück (tgl. 9–11 Uhr), für Kuchen und Kaffee, Fleischgerichte und kanarische Spezialitäten überhöht. Das weiße Haus im ›Burgen-Look‹ liegt auf der Route geführter Busreisen und ›Butterfahrten‹, entsprechend eng und laut geht es bisweilen zu.

Bekannt ist der Ort für seinen Sauerkirschlikör aus Rum *(guindilla),* den Kirschwein (*vino de guindo*), die süßen Mandeltörtchen *(tartas de almendra)* und den deftigen Käse *(queso tierno).* Die beste Gelegenheit, diese Leckereien zu kaufen, hat man an den Wochenenden und Feiertagen, wenn vor der Kirche zahlreiche Verkaufsstände aufgebaut werden. Kosten kann man die Köstlichkeiten stets in den Bar-Restaurants des Ortes.

Am 24. Juli wird ein großer **Viehmarkt** abgehalten. Die **Fiesta de Santiago** findet am 25. Juli zu Ehren von Jakobus, dem spanischen Schutzheiligen, statt. Sie geht mit einer Wallfahrt zur Kapelle des Heiligen, Blumenprozessionen und traditionellen Sportturnieren einher.

Mehrmals tgl. fahren **Busse** nach Maspalomas, ein- bis zweimal tgl. nach Tejeda via Ayacata.

San Mateo

Lage: E/F 4
Einwohner: ca. 7000

Oftmals in dichte Wolken gehüllt thront San Mateo in 836 m Höhe in einem Saum von Terrassenfeldern und sattgrünen Hängen. Der Ort, auch Vega de San Mateo genannt, gilt dank seiner fruchtbaren Ascheböden und dem sprichwörtlichen Wasserreichtum als die ›Frucht- und Gemüseschale‹ der Insel. Das bedeutende Agrarzentrum versorgt halb Gran Canaria mit Grünzeug und Fleisch, die auf dem *Mercado agrícola*, dem größten Wochenmarkt der Insel, gehandelt werden.

Casa Cho Zacarias: Av. Tinámas, Mo–Sa 9–13 Uhr, 400 Ptas.
In einem alten Haus mit begrünten Patios und geschnitzten Balkonen ist eine der bedeutendsten Sammlungen bäuerlicher Volkskunst der Kanarischen Inseln untergebracht.

Restaurante Cho Zacarias: Av. Tinámas, Tel. 928 66 06 27, Di–So 13–16 Uhr.
Das Restaurant, dem Museum angegliedert, ist entsprechend museal möbliert und urgemütlich. Es ist weithin für seine authentischen kanarischen Spezialitäten bekannt, so daß eine Reservierung (vor allem Sa!) sinnvoll ist. Der üppige Salat des Hauses bringt auch ausgesprochene Fleischesser auf den vegetarischen Geschmack; enorme Weinauswahl.

Sa und So findet der große Agrarmarkt **Mercado agrícola** statt, der traditionelle Früchte-, Gemüse- und Viehmarkt, der sich nun auch als Flohmarkt versteht und ab 7.30 Uhr geöffnet ist; beste Besuchszeit am Sa zwischen 10 und 12 Uhr.

Busverbindungen bestehen mit Teror, Telde und Las Palmas.

San Nicolás de Tolentino

Lage: A/B 4
Einwohner: ca. 8000

Das lebhafte Städtchen profitiert in erster Linie vom Tomatenanbau. Seinen eigenen Reiz entwickelt das Tal, wenn die Plastikbedeckungen der Kulturen im Abendrot aufleuchten. Ein Abstecher in den Ort, der auch als La Aldea de San Nicolás bekannt ist, lohnt vor allem wegen der schönen Umgebung.

Nach 6 km erreicht man **Puerto de la Aldea,** wo man noch ein wenig das typische Flair eines Fischerdorfes spüren kann.

Der schönste Inselstrand, die **Playa de Güigüí** (Extra-Tour 5, s. S. 92 f.), ist nur wenige Kilometer entfernt.

Von San Nicolás führt eine 25 km lange, abenteuerliche Straße durchs Landesinnere an mehreren Stauseen vorbei nach **Artenara** (s. S. 33 ff.), dem höchstgelegenen Dorf der Insel. Die streckenweise schwer zu befahrene Straße ist bei vorsichtiger Fahrweise auch für normale Pkw kein Problem. Die Natureindrücke dieser Strecke sind einfach umwerfend (Extra-Tour 3, s. S. 88 f.).

Pensión Segundo: Calle Alfonso XIII, Tel. 928 89 11 65, günstig.
Die Pension an der Dorfkirche hat sehr einfache Zimmer, z. T. mit Balkon, sauber und korrekt.
Hotel Los Cascajos: Calle Los Cascajos, Tel. 928 89 11 65, günstig.
Neues Haus 50 m neben der Kirche, funktionelle Zimmer, mit Bar.
Unterkünfte ebenso im 15km entfernten **El Risco** (s. S. 29).

Hier läßt es sich (noch) träumen: Hafenstädtchen Puerto de la Aldea

Im Ort selbst kann kein Restaurant überzeugen. In **Puerto de la Aldea** gibt es viele einfache, günstige Fischrestaurants.
El Puente: Das Restaurant 3 km vom Ort Richtung Agaete bietet gemütliches Flair, eine Aussichtsterrasse und köstliche *tapas*.

Das Fest **Nuestra Señora del Carmen** wird am 16. Juli feierlich begangen. Zu Ehren der Schutzpatronin der Fischer wird eine prachtvolle Schiffsprozession veranstaltet.

Im Jahre 1766 erwischte der damalige Bischof das halbe Dorf beim Nacktbaden und bestrafte die ›Sünder‹ mit Exkommunikation. An diesen Tag will am 11. September die **Fiesta del Charco** erinnern, ein ausgelassenes Wasser- und Tümpelfest mit spontanen Schlammschlachten.

Mehrmals tgl. **Busse** nach Las Palmas (via Nordküste) und Maspalomas (via Südküste).

Santa Brígida

Lage: F 3/4
Einwohner: ca. 1500

Wer es sich als Canario leisten kann, lebt nicht in Las Palmas, sondern hier, nur 15 km von der Hauptstadt entfernt, jedoch 500 m höher und in einer ganz und gar entgegengesetzten Welt. Das Klima ist kühler, die Luft sauber, und altehrwürdige Familiensitze sowie moderne Villen geben diesem ansonsten üppig begrünten Ort seine charakteristische Prägung.

Von Santa Brígida bieten sich Ausflüge nach Ayacata (s. S. 36), zum Pico de Bandama (s. S. 36 f.), zum Jardín Botánico (s. S. 42 f.), nach Telde (s. S. 77 f.) oder San Mateo (s. S. 69 f.) an.

Residencia de Tiempo Libre Santa Brígida:
Campo de los Olivos 1,
Tel. 928 64 04 50,

Schlammiges Vergnügen: die Fiesta del Charco in San Nicolás

Fax 928 64 04 03,
günstig.
Großes Kastenhaus mit Talblick, etwas nüchtern, hübsche Zimmer, Pool, sehr gutes Preis-Leistungs-Verhältnis (inkl. Halbpension 2400 Ptas/Person); vornehmlich ältere Gäste vom spanischen Festland.
Hotel Santa Brígida: Calle Real de Coello 2, Tel. 928 35 55 11, Fax 928 35 53 14, teuer/Luxus.
Etwas außerhalb an der Straße zum Pico de Bandama liegt dieses Nobelhotel inmitten eines schönen Parks. Mit elegantem Foyer, bis ins Detail herrschaftlich ausgestatteten Zimmern (klimatisiert), Fitnessraum, Sauna und Pool; Edel-Restaurant und Pub im englischen Club-Stil.

Mister Croissant: Calle José Antonio 19, am Marktplatz.
Neben Croissants, unbelegt oder mit Käse, Schinken etc., gibt's hier Gebäck, Törtchen und tolles Eis.
Bar Günther: Calle Tenderete.
Treff der reicheren Anwohner aus mitteleuropäischen Landen.

In den schlichten Restaurants entlang der Straße von Santa Brígida zum 15 km entfernten San Mateo sitzt man deutlich schöner als in o. g. Lokalen. Sie bieten allesamt gute und günstige kanarische Küche und sind geschätztes Ausflugsziel der Städter aus Las Palmas. Wer zudem Gemütlichkeit sucht, sollte das **El Martel** aufsuchen, das ausgeschildert ist.
Las Grutas de Artiles: Etwas außerhalb an der Straße nach Las Meleguinas, Tel. 928 64 05 75, 928 64 12 50, tgl. 11–1 Uhr.
Tolle Anlage, in der man in Grotten ›unter einem Lavastrom‹ zu speisen pflegt, mit schönem Biergarten unter alten Bäumen; die Speisen sind traditionell kanarisch und recht opulent, auch das Auge ißt mit. Die Preise sind hoch, aber unbedingt adäquat.

Busverbindungen nach Las Palmas und Telde.

Santa Lucía

Lage: E 6
Einwohner: ca. 2000

Blumengärten, Obstbäume und Palmenhaine prägen diesen Ort in romantischer Lage auf einer Felsterrasse über dem schroffen Barranco de Tirajana. Wie weiße Tupfer liegen die gepflegten, alten Bauernkaten da, die Kuppelkirche sieht aus wie eine Moschee.

Museo Fortaleza: Calle Los Alamos, tgl. 9–19 Uhr.
Das kleine Privatmuseum beherbergt eine umfangreiche archäologische Sammlung zur Inselgeschichte. Es zeigt u. a. Werkzeuge, Tonsiegel, Amulette, Keramikwaren der Altvorderen und eine römische Amphore aus dem 3. Jh.

Bei den Weilern **Casas Blancas, Los Silos** und **Ingenio** unterhalb des Ortes erstreckt sich eine Oase aus großen Hainen Kanarischer Dattelpalmen, die man am besten wandernd erkunden sollte: Man durchquert den Ort Richtung Agüimes und biegt nach rechts ein zum bald erreichten Ingenio. Von dort führt ein Schotterweg zurück nach Santa Lucía. Von Ingenio führen schöne Spazierwege ins Grüne.

Folgt man der Straße von Santa Lucía Richtung Agüimes, zweigt nach ca. 2 km eine Straße (Beschilderung ›La Sorrueda‹) nach rechts ab, die schließlich hinter dem Dorf zur **Fortaleza Grande** führt. Die

Die kanarischen Käsespezialitäten werden noch von Hand gemacht

beeindruckende Felsgruppe gilt als die letzte Bastion der Altkanarier gegen die Spanier. Klettert man hinauf, ist bald eine Höhle erreicht, durch die man durch den Felsen hindurch zur anderen Seite gelangt. Erklimmt man auch die Felsspitze (nicht ungefährlich!), steht man auf historischem Boden: Hierher zogen sich der Legende nach die letzten freien Altkanarier im Kampf gegen die Spanier zurück.

Das **Restaurante Mirador** (s. u.) plant die Errichtung eines Landhotels, das Ende 1999 die Pforten öffnen soll.

Restaurante Hao: Calle Los Alamos, am Museo Fortaleza, Tel. 928 79 80 07, tgl. 9–19 Uhr.
Der burgähnliche und phantasievoll gestaltete Bau dieses Restaurants ist unübersehbar. Er liegt auf der Route vieler Bustouren. Entsprechend geschäftig und touristisch geht es zu, doch das Ambiente ist urig (Tische und Stühle aus Baumstümpfen, ein Palmwedeldach bietet Schatten) und die Speisen typisch kanarisch. Empfehlungen des Hauses sind u. a. *papas arrugadas* mit *mojo*, *queso tierno* (kanarischer Weichkäse), *potaje canario* (kanarische Gemüsesuppe) nebst *chorizos parrileros* (gebackene Paprikawurst), Kaninchen sowie Lammkoteletts.

Restaurante Mirador: An der Ausfallstraße nach San Bartolomé, Tel. 928 79 80 05.
Seinem Namen getreu besticht das weit weniger touristische Restaurant durch die herrliche Fernsicht von der großen Terrasse. Die traditionellen kanarischen Gerichte sind auch im rustikal-gemütlichen und mit vielen Pflanzen begrünten Innenraum zu genießen.

Am 29. April findet in Santa Lucía und an der Fortaleza Grande die **Fiesta de Ansite** statt. Das Fest will an die Ereignisse im Jahre 1483 erinnern, als sich die letzten Altkanarier den spanischen Eroberern ergaben.

Busverbindungen nach Las Palmas.

Santa María de Guía

Lage: D 1/2
Einwohner: ca. 13 500

Die ›Bananenstadt‹, die mit dem Nachbarort Gáldar zusammengewachsen ist, präsentiert sich laut, hektisch und ein wenig schmuddelig. Käseliebhaber sollten dennoch in Guía haltmachen, bevor sie zur Kultstätte der Altkanarier, Cenobio de Valerón, weiterfahren. Eine inselweite Spezialität, der ›Blumenkäse‹ *(queso de flor)*, wird hier nämlich hergestellt und ist in vielen Geschäften erhältlich.

Viele Restaurants in Guía servieren die Käsespezialität *queso de flor* in Form von *tapas*. Beste Adresse ist **Los Quesos,** eine kleine Kneipe mit Käseladen (s. u.), wo man Käse nicht nur kaufen, sondern auch kosten kann.

Fischrestaurants finden sich im Nachbarort Gáldar (s. S. 41) sowie an der nahen Küste in den Dörfern El Roque und San Felipe. Das **Restaurante El Paso** in San Felipe liegt direkt am Meer an einem kleinen Naturpool. Hier gibt es fangfrischen Fisch und eine reichhaltige Auswahl an *tapas*.

In vielen Läden kann man den berühmten *queso de flor* aus Schafs- oder Ziegenmilch erstehen. Sein besonderes Aroma verdankt er der Zugabe des Blütensaftes einer Artischockenart. Die reich verzierten ›Bananenmesser‹, *chuchillos canarios*, werden ebenso in Guía hergestellt. Ein großes Angebot an Käse und *chuchillos canarios* bieten u. a. der Käseladen **Los Quesos** von Don Arturo Díaz Godoy (nahe der Dea-Tankstelle an der Carretera General) und das Geschäft von **Santiago Gil Ro-**

Cenobio de Valerón

Der Besuch der legendären Kultstätte der Altkanarier, Cenobio de Valerón, etwas außerhalb Guías, ist fast schon ein Muß. Die Anfahrt erfolgt von Guía über die Straße Richtung Las Palmas. Bei der Beschilderung ›Cuesta de Silva‹ biegt man rechts ab und fährt auf einer panoramareichen Strecke direkt zu einem kleinen Parkplatz unterhalb steiler Treppen, die zu diesem spektakulären Höhlensystem führen. Die wabenartige Anlage aus über 300 Höhlen gilt als das bekannteste Bauwerk der Insel aus vorspanischer Zeit und soll ein kollektiver Vorratsspeicher oder eine Art Höhlenkloster gewesen sein – ganz sicher sind sich die Wissenschaftler nicht. Leider ist der Zugang zu den Höhlen untersagt, so daß man sich mit der Außenansicht begnügen muß.
Di–So 10–13, 15–17 Uhr.

mero an der Calle Marqués del Muni 34.

Regelmäßig fahren **Busse** nach Gáldar und Las Palmas.

Tejeda

Lage: D 4
Einwohner: ca. 2000

Der Ort im Bergland von Gran Canaria ist ideales Feriendomizil für naturbegeisterte Urlauber. Auf rund 1000 m Höhe schmiegt er sich an die Felswand des Barranco de Tejeda. Die imposanten Monolithen des Roque Nublo und Roque Bentaiga bilden eine grandiose Kulisse. Der von Mandelbaumterrassen umgebene Ort verfügt über eine gute Infrastruktur und eignet sich wie kein anderes Dorf als Ausgangspunkt für Wanderungen und Ausflüge in die Hochgebirgswelt der Insel (Extra-Tour 3, s. S. 88 f.).

Cruz de Tejeda (s. S. 37 f.), der höchste Inselpaß, ist nur wenige Kilometer entfernt (Hauptstraße Richtung San Mateo). Nach **Artenara** (s. S. 33 ff.) sind es rund 10 km, der höchste Inselberg, **Pico de las Nieves,** liegt ca. 15 Fahrminuten südöstlich. 5 km westlich türmt sich der 1404 m hohe Basaltfelsen **Roque Bentaiga,** der einen Abstecher unbedingt lohnt. Von Tejeda fährt man Richtung Ayacata bis zu den Häusern von Casas de las Umbrias. Hier zweigt eine nach Westen führende Straße nach El Roque ab, der man bis zur Abzweigung nach links Richtung Espinillo folgt. Nach einer weiteren Abbiegung führt ein steil ansteigender Felspfad zum Fuß der Felsnadel. Hier weisen viele Höhlen auf ehemalige Kultplätze der Altkanarier hin. Überwältigend ist das Panorama, das sich nur noch auf dem Roque Nublo so eindrucksvoll präsentiert.

In den lokalen Bars kann man nach Privatzimmern fragen.
Pensión Tejeda:
Calle Hernández Guerra 19,
Tel. 928 65 80 55, günstig.
Schlichte Zimmer mit Bad, manche mit einem tollen Roque-Panorama; für Reisende mit niedrigen Ansprüchen. Im Haus befindet sich ein gutes Bar-Restaurant.
Apartamentos Gayfa: Cruz Blanca 34, Tel. 928 66 62 30, günstig. Das Restaurante Gayfa (kein Hinweisschild auf die Apartments) an der unteren Dorfstraße vermietet moderne, top eingerichtete Apartments (Küche aus Massivholz), alle mit Balkon und herrlichem Bergblick (4500 Ptas).
Apartamentos Serafín Suárez León: Tel. 928 65 81 28, günstig. Ausweichadresse zu den Apartamentos Gayfa.
Turismo Rural: Die Organisation für den ›ländlichen Tourismus‹ CEDER (s. S. 25) mit Sitz in Tejeda vermietet im Umland mehrere reizvolle Landhäuser für ruhe- und naturliebende Gäste an.

Im Restaurant der **Pensión Tejeda** (s. o.), im **Restaurante Gayfa** (s. o.) und in der **Cueva de la Tea** an der unteren Hauptstraße ißt man jeweils gut und günstig.

In Tejeda dreht sich alles um Mandeln. Lokale Spezialitäten sind Mandeltörtchen, Mandelmus und *bienmesabe*, eine Nachspeise aus Honigmarzipan.

Den Zeitpunkt für die **Fiesta del Almendro en Flor** be-

Telde: die Altstadt San Francisco überrascht mit hübschen Details

stimmt der Beginn der Mandelblüte (Jan.–März). Gefeiert wird u. a. mit Folkloredarbietungen.

Ein- bis zweimal tgl. **Busverbindungen** mit Las Palmas sowie mit Maspalomas via Ayacata und San Bartolomé.

Telde

Lage: G/H 4
Einwohner: ca. 82 000

Aus der Ferne zeigt sich die zweitgrößte Stadt Gran Canarias als eine häßliche Ansammlung von Industrieanlagen und grauen Randbauten. Doch begibt man sich in das ehemalige Handwerkerviertel San Francisco, findet man sich in einer malerischen Altstadt mit lauschigen Innenhöfen, schmalen Kopfsteingassen und schmucken Patrizierhäusern wieder. Die Kirche San Juan Bautista beherbergt zwei bedeutende Werke sakraler Kunst.

Der nördliche Ortsteil **San Francisco** wurde zum *Centro Histórico Artístico* erklärt. Im schönen Altstadtkern drängen sich stilvoll restaurierte Häuser aus alten Tagen. Vom Rathaus (*ayuntamiento*) geht man über die baumbestandene Plaza de San Juan Bautista direkt auf die am Ostrand aufragende **Basílica Menor de San Juan Bautista** zu. Die Kirche wurde aus mehrfarbigem Vulkangestein errichtet. Über dem Portal aus dem 16. Jh. thront der Schutzheilige Johannes der Täufer (San Juan Bautista). Im Innern der Kirche, meist nur während des Gottesdienstes zugänglich, ist ein flämischer Altaraufsatz vom Anfang des 16. Jh. zu bewundern. Das fein geschnitzte Retabel stellt sechs Szenen aus dem Leben Marias dar. Darüber erhebt sich eine einzigartige lebensgroße Christusfigur aus Mexiko, die größtenteils aus Maismark gefertigt ist.

Biegt man gegenüber dem Rathaus und der Plaza in die Gasse Inés Chemida ein, gelangt man an der Polizeistation vorbei zur kleinen **Plaza de San Francisco,** an der sich eine dichte Sammlung reizvoller alter Häuser findet.

Museo León y Castillo:
Calle León y Castillo 43,
Mo–Fr 8–15 Uhr.
Das Museum erinnert mit einer Möbel- und Bildersammlung an die Brüder Fernando und Juan León y Castillo, die maßgeblich für den Ausbau des Hafens von Las Palmas Ende des 19. Jh. verantwortlich waren.

Concejalía de Turismo:
Calle Juan Carlos I.,
Tel. 928 68 13 36.

Im Altstadtviertel San Francisco finden sich nur wenige gastronomische Betriebe. Von der Pastelería Socosso an der Plaza San Juan Bautista abgesehen, bietet sich das Restaurant **La Hoya de San Juan** an der Calle Juan Carlos I. an: nett und klein, mit Terrasse, schönem Ausblick, einfachen und wohlschmeckenden Gerichten.

Im Telar San Francisco neben der Iglesia de San Francisco kann man Señora Bañares Baudet bei ihrer Arbeit zusehen und **Webarbeiten** erwerben.

Busverbindungen nach Las Palmas, Santa Brígida und Agüimes.

Teror

Lage: E 3
Einwohner: ca. 5500

Die Statue der Inselpatronin Virgen del Pino, deren Anbetung bis ins 15. Jh. zurückreicht, wird in der Basilika Terors, dem wichtigsten Wallfahrtsort und religiösen Zentrum von Gran Canaria, aufbewahrt. Autofreie Kopfsteingassen, lauschige kleine Plazas und altehrwürdige Bürgerhäuser mit kunstvollen Holzbalkonen und hölzernem Schmuckwerk bestimmen das Bild einer der typischsten und schönsten Städte der Insel. Mal öffnet sich der Blick auf einen begrünten Patio, mal zieht ein altes Wappen oder eine hübsch geschnitzte Tür die Blicke auf sich. In den sorgsam gepflegten Ort, der schon im frühen 16. Jh. die Stadtrechte erhielt, pilgern um den 8. September zahlreiche Gläubige.

Basílica de Nuestra Señora del Pino: tgl. 10–17 Uhr.
Diese bedeutende Kirche steht im Ortszentrum an einer der schönsten Plazas der Insel und zwar genau an jener Stelle, an der am 8. September 1481 die Jungfrau Maria im Geäst einer riesigen Kiefer – sie wurde 1684 bei einem Sturm zerstört – erschien. Der Ort der wundersamen Erscheinung wurde vom damaligen Bischof umgehend geweiht. Eine Kapelle wurde errichtet und im 17. Jh. durch eine Kirche ersetzt, die aber schon bald Opfer eines Brandes wurde. Das heutige Gotteshaus ist neoklassizistisch und stammt aus dem Jahre 1767. Der markante oktogonale Turm aus dem frühen 18. Jh. ist im Stil der manuelinischen Gotik erbaut. Im Kircheninnern ist die Statue der Jungfrau aus dem 15. Jh. zu bewundern, die in einer silbernen Sänfte in einem Glasschrein über dem Altar ruht. Sie gilt als die kostbarste Reliquie der Insel und ist alljährlich um den 8. September Ziel vieler Wallfahrer. Hinter der Basilika steht ein 15 m hoher Drachenbaum (*drago*).

Typische Stiegen in Teror, dem religiösen Zentrum der Insel

Casa de los Patrones de la Virgen del Pino: Plaza Nuestra Señora del Pino, Mo–Do/Sa 11–18, So 10–14 Uhr, Fr geschl.
In einem Gebäude im altkanarischen Stil, einst Sommersitz der reichen Familie De Lara y Bravo de Laguna, kann man die Wohn- und Lebenssituation kanarischer Familien im Laufe der Jahrhunderte kennenlernen. Die sehenswerte Sammlung zeigt neben Möbeln, Kutschen und Waffen Gegenstände des alltäglichen Lebens. Bemerkenswert ist der schöne Patio.
Atelier Georg Hedrich: Plaza Nuestra Señora del Pino, Di–Do 11–17 Uhr.
Werke des deutschen Künstlers Georg Hedrich, der seit vier Jahrzehnten auf Gran Canaria lebt.

6 km östlich von Teror zweigt von der nach Firgas führenden C 814 eine Straße Richtung **Valleseco** (2 km) ab. Herausragende Sehenswürdigkeiten bietet dieses kleine Bergdorf nicht, aber 1 km vor dem Ort lohnt der **Balcón de Zamora** einen Abstecher. Von dem Aussichtspunkt kann man das schönstmögliche Panorama auf Teror und über den nördlichen Inselteil genießen. Auch ein Restaurant lädt ein, das **Mirador de Zamora** (s. u.).

Bar Piscolabis Mayocaya: Calle Gonzáles Diáz.
Beliebter Treff im Bistro-Stil am Altstadtrand, zuständig für alles Flüssige und köstliche *tapas*.
Restaurante San Matías: Carretera de Arucas, km 8,5, Tel. 928 63 07 65.
Die weiß getünchten Wände und grünen Tischdecken können über den Snackbar-Stil nicht hinwegtäuschen. Doch in dem etwas außerhalb gelegenen Restaurant (Ausfallstraße nach Arucas, nach ca. 2 km an der rechten Seite) kommen schmackhafte spanische und kanarische Spezialitäten auf den Tisch, z. B. *sopa de ajos* (Knoblauchsuppe), *conejo en salmorejo* (Kaninchen) und das Fischgericht *pescado a la portuguesa*. Den herrlichen Panoramablick auf Teror gibt's gratis zum Essen.
Mirador de Zamora: 1 km von Valleseco, Sa–Do 10–23 Uhr.
Wahre Massen an Bustouristen suchen fast jeden Tag dieses Restaurant am Aussichtspunkt Balcón de Zamora auf. Das Personal bleibt nett und zuvorkommend, trotz allem. Die Speisen sind gut, die Snacks und Kuchen am besten.

Der **Wochenmarkt** von Teror (So 10–15 Uhr) gilt als einer der größten und farbenprächtigsten der Insel. Neben Obst und Gemüse werden auch Kleidung und traditionelles Kunsthandwerk angeboten. An den lokalen Spezialitäten, *pan de Teror* und *chorizo de Teror*, sollte man nicht vorübergehen.

In **Valleseco** lohnt der große **Wochenmarkt** am Do 10–14 Uhr, auf dem auch die Spezialitäten des Ortes, Ziegen- und Schafskäse, im Angebot stehen.

Am 7./8. September wird die **Fiesta de la Virgen del Pino** gefeiert, die wichtigste und größte Wallfahrt auf den Kanarischen Inseln. Wer dann auf Gran Canaria weilt, sollte auf keinen Fall versäumen, an dieser *festividad* teilzunehmen!

Busverbindungen u. a. mit Las Palmas.

Valsequillo

Lage: F 4
Einwohner: ca. 6000

Die Siedlungen der Ortschaft liegen verstreut im oberen Teil des Barranco de San Miguel. Die Bewohner leben ganz und gar von der Landwirtschaft, und als Tourist kommt man, um die Mandelblüte zu sehen oder das Panorama auf den Inselosten zu genießen.

Wer zur Zeit der **Mandelblüte** auf der Insel weilt, die in den ersten drei Monaten des Jahres eintritt, sollte es nicht missen, nach Valsequillo zu fahren und die weißen und zartrosa Farbwogen der blühenden Mandelbäume zu bestaunen. Bei guter Witterung währt die Blütezeit rund eine Woche.

Vom 2,5 km entfernten und 225 m höher gelegenen **Mirador de Helechal** kann man den Blick über den Ort sowie den gesamten Osten schweifen lassen.

Restaurante Colmenar Grill: Tel. 928 57 09 53.
An der Ausfallstraße nach Telde erhebt sich direkt neben der CEPSA-Tankstelle der häßliche Bau des Grillrestaurants, der zunächst nicht auf sein gemütliches Innere schließen läßt: mit großem Speiseraum, rustikaler Ausstattung, sanfter Musikuntermalung und außerordentlich wohlschmeckenden Fleisch-, Meeresfrüchte- und Fischgerichten. Top sind das Rinderfilet in Roquefortsauce und die Portion Riesengarnelen. Sa abends Live-Musik mit Tanz und *vino, vino, vino …*

Busverbindungen mit Telde und Las Palmas.

Vecindario

Lage: G 7
Einwohner: ca. 3000

Der Ort erstreckt sich entlang der Hauptstraße vom Inselsüden nach Las Palmas. Er liegt nahe der Autobahn, nur 17 km von der Costa Canaria entfernt, und bietet sich für Reisende mit kleinem Budget als Alternative zu den Ferienzentren an. Hier wohnen viele Canarios, die zu ihrem Arbeitsplatz in den Touristenorten der Küste pendeln.

Hostal Residencia Casa Paco: Av. de Canarias 278, Tel. 928 75 34 52,
Fax 928 75 71 82, günstig.
Hinter der grün-weißen Fassade dieses Eckhauses verbergen sich 28 große und saubere Doppelzimmer, z. T. mit Bad. Vermietet wird nur zimmerweise, Alleinreisende bekommen keine Ermäßigung. Eine kleine Bücherecke steht zur Verfügung. Beliebte Unterkunft für Rucksackreisende.

Nueva Estrella de Oro: Av. de Canarias 32,
Tel. 928 75 27 15.
Die riesige Reklametafel läßt zunächst auf ein Road-Snackhouse schließen, dann aber entpuppt sich das Restaurant als Nobelschuppen im Landhaus-Stil. Es liegt nicht gerade ruhig, hat aber eine schöne Innenausstattung und eine gute Küche. Neben den schmackhaften Gerichten vom Riesengrill sind z. B. die *paella valenciana* und die *langostinos* zu empfehlen.

Nur morgens **Busverbindungen** mit Maspalomas und Las Palmas.

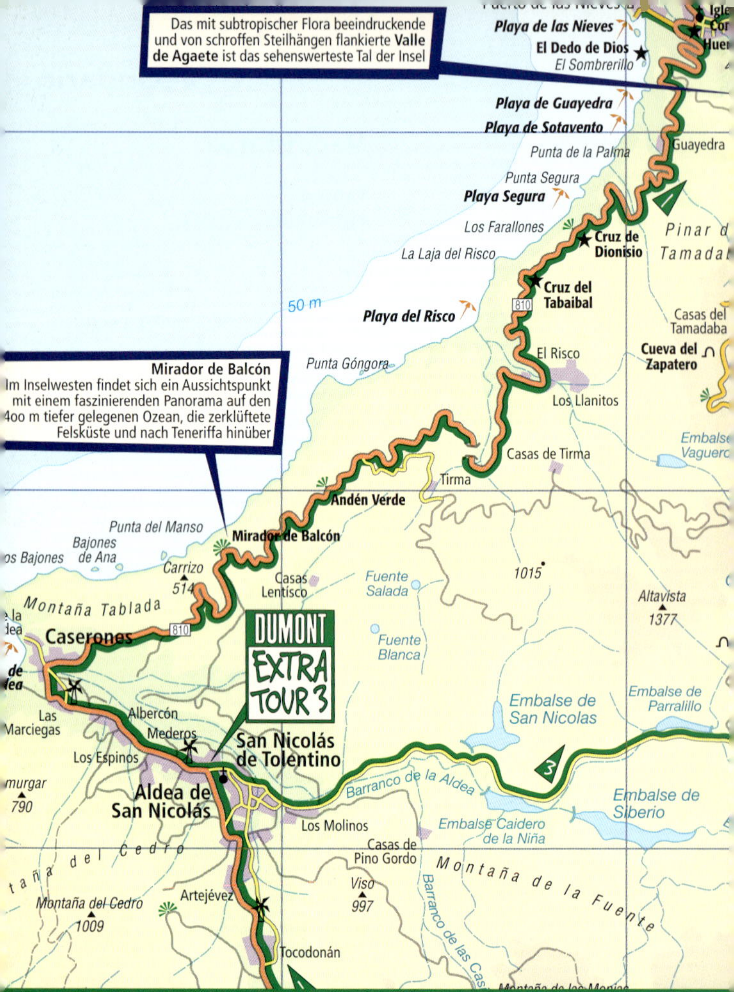
Das mit subtropischer Flora beeindruckende und von schroffen Steilhängen flankierte Valle de Agaete ist das sehenswerteste Tal der Insel
Playa de las Nieves
El Dedo de Dios
El Sombrerillo
Playa de Guayedra
Playa de Sotavento
Guayedra
Punta de la Palma
Punta Segura
Playa Segura
Los Farallones
Cruz de Dionisio
Pinar de Tamadaba
La Laja del Risco
Cruz del Tabaibal
810
50 m
Playa del Risco
Casas del Tamadaba
Cueva del Zapatero
El Risco
Punta Góngora
Los Llanitos
Mirador de Balcón
Im Inselwesten findet sich ein Aussichtspunkt mit einem faszinierenden Panorama auf den 400 m tiefer gelegenen Ozean, die zerklüftete Felsküste und nach Teneriffa hinüber
Casas de Tirma
Tirma
Andén Verde
Punta del Manso
Bajones de Ana
Mirador de Balcón
Carrizo
514
Casas Lentisco
Fuente Salada
1015
Altavista
1377
Montaña Tablada
Caserones
810
DUMONT EXTRA TOUR 3
Fuente Blanca
Embalse de San Nicolas
Embalse de Parralillo
Las Marciegas
Albercón
Mederos
Los Espinos
San Nicolás de Tolentino
Barranco de la Aldea
Aldea de San Nicolás
790
Los Molinos
Embalse de Siberio
Embalse Caidero de la Niña
Casas de Pino Gordo
Montaña de la Fuente
Viso
997
Barranco de las Casas
Montaña del Cedro
1009
Artejévez
Tocodonán

EXTRA-

Fünf Extras auf der ›Insel der Seligen‹

1. Eine Inselrundfahrt entlang der Küste
2. Auf den Spuren der Altkanarier

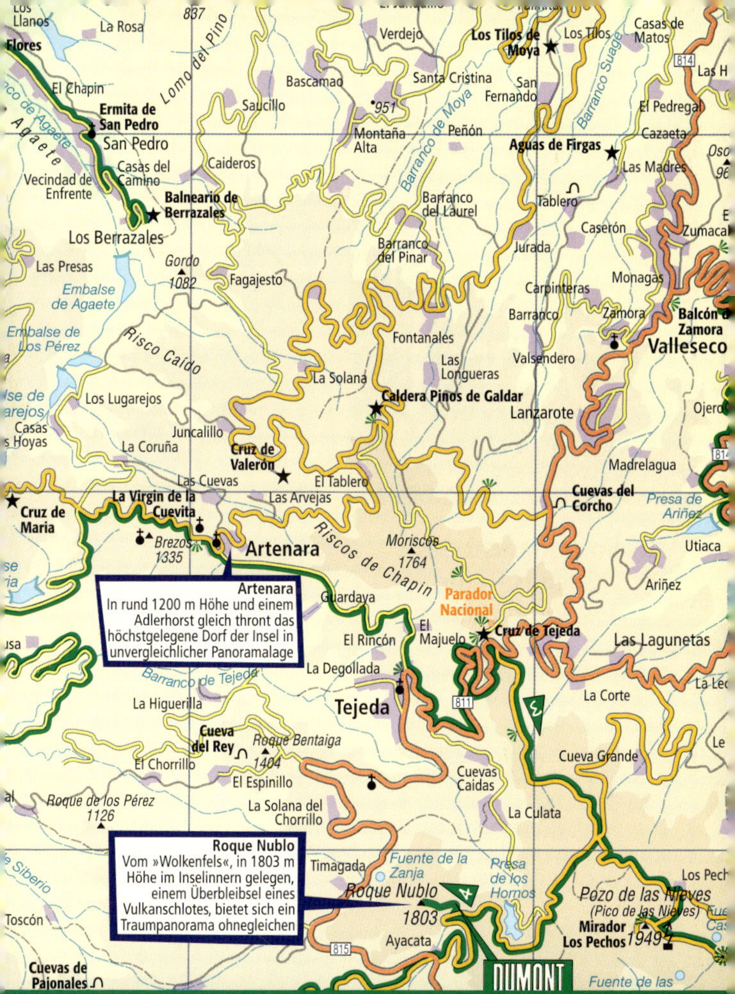

Touren

3. Spektakuläre Fahrt mit Aussicht von San Nicolás zum höchsten Gipfel Pico de las Nieves bis Mogán oder Arguineguín
4. Wanderung zum ›Wolkenfels‹ Roque Nublo
5. Vamos a la playa – Wanderung zur Playa de Güigüí

Extra Tour 1

Im Angesicht des Ozeans – eine Inselumrundung

Rund 220 km ohne Abstecher sind es, die im Rahmen dieser Inselumrundung anstehen. Einen ganzen Tag sollte man mindestens für diese Tour reservieren, die in ihrem gesamten Verlauf asphaltierten und meist gut ausgebauten Straßen folgt und am besten mit dem Leihwagen nachvollzogen werden kann.

Von **Playa del Inglés** (s. S. 55 ff.) bzw. dem benachbarten **Maspalomas** (s. S. 51 ff.) geht es über die Carretera General (C 812) nach Westen, wo bald der Fischerort **Arguineguín** (s. S. 31 ff.) erreicht ist. Jetzt wird die Straßenführung spektakulär. Vorbei an einer wild skulptierten Steilküste mit mehreren exklusiven Hotelanlagen gelangt man nach 22 km zum malerischen **Puerto de Mogán** (s. S. 62 ff.). Der Ort ist ein gelungenes Beispiel sorgfältiger Bauplanung und präsentiert sich als ein harmonisch in die Landschaft integriertes Feriendorf. In Puerto de Mogán wendet sich die Straße ins Inselinnere, steigt durch das Oasental des Barranco de Mogán nach **Mogán** an (s. S. 53 ff.), um sich kurz hinter diesem beschaulichen Dorf erneut nach Westen zu wenden. Bis über 650 m hoch geht es nun durch eine regelrechte Felswüste hinauf, und auf der folgenden Strecke, die via **San Nicolás de Tolentino** (s. S. 70) ans Meer führt, zweigen immer wieder Stichstraßen ab, die zu einsamen Stränden, z. T. noch regelrechte Geheimtips, führen.

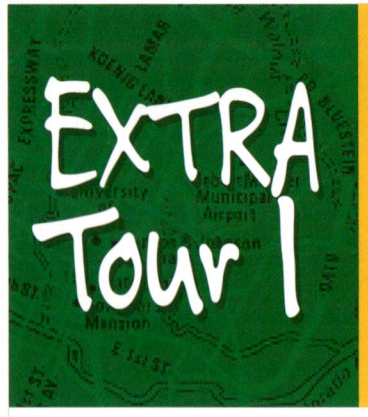

Konnte man schon zuvor die großartige Aussicht auf den Ozean genießen, so wartet der anschließende, rund 30 km lange Abschnitt bis Agaete mit Panoramen auf, die ganz und gar faszinierend sind. Mehrere ausgeschilderte Aussichtspunkte (*Miradores*) finden sich am kurvenreichen Weg. Der **Mirador de Balcón,** 400 m hoch über dem Meer, bietet fraglos den überwältigendsten Ausblick über die westliche Steilküste. Dann ist **Agaete** (s. S. 28 f.) erreicht, ein Traum aus weißen Hauskuben. Das angrenzende, von hohen Felsen umgebene **Valle de Agaete** lädt zu einem Ausflug in eine paradiesische Vegetation ein – ideal für eine Mittagspause im Grünen. Die Üppigkeit der Natur zeigt sich in zahl-

Malerisch gelegen: das Städtchen Agaete

reichen gepflegten Gärten und Pflanzungen. Unter ehrwürdigen Kiefern und vereinzelten Palmen blühen Beete, Hecken und Büsche. Mangos, Papayas, Zitronen und Orangen gedeihen zwischen Kaffeepflanzen, Agaven und Gummibäumen.

Vorbei am Kriechtierzoo **Reptilandia** (s. S. 40) zieht sich die Straße durch ausgedehnte Bananenpflanzungen ins nördliche **Gáldar** (s. S. 39 ff.). Wer Appetit auf fangfrischen Fisch oder Meeresfrüchte verspürt, sollte der ausgeschilderten Stichstraße zum Küstenort **Sardina** (s. S. 40) folgen. Die Käsestadt **Santa María de Guía** (s. S. 75 f.) wird passiert, und ein kleiner Schlenker führt zum nahegelegenen Höhlensystem **Cenobio de Valerón,** der legendären Kultstätte der Altkanarier (s. S. 75).

Im weiteren Verlauf der stark frequentierten Küstenstraße gibt es nichts, was eines längeren Blickes würdig wäre, und so sollte man auf die bald nach rechts abzweigende C 813 einbiegen, die zur ›Rumstadt‹ **Arucas** (s. S. 35) führt. Von dort ist es nur ein Katzensprung bis **Teror** (s. S. 78 f.), einem der schönsten und beschaulichsten Ortschaften der ganzen Insel. Blütenweiße Fassaden, ausladende Erker und geschnitzte Balkone bestimmen das Stadtbild. Über die C 811 geht es weiter nach **San Mateo** (s. S. 69 f.), das zu einem Besuch des volkskundlichen Museums oder zu einem Bummel über den großen Markt einlädt.

Via **Santa Brígida** (s. S. 72 f.) kann man einen Abstecher zum **Jardín Botánico** (s. S. 42 f.) anschließen, bevor die Fahrt Richtung Telde weitergeht. Am Weg der nach rechts abzweigenden Straße wird die Töpferstadt **Atalaya** (s. S. 35 f.) passiert. Einen Ausflug zum Vulkankegel **Pico de Bandama** (s. S. 36 f.), der Beschilderung nach links folgen) sollte niemand auslassen. Herrliche Panoramen und schwindelerregende Blicke hinab in den Krater **Caldera de Bandama** erwarten Sie.

Im schönen Altstadtviertel San Francisco in **Telde** (s. S. 77 f.) mit einer sehenswerten Kirche kann man den Tag wunderbar ausklingen lassen, um anschließend über die nur 3 km entfernt verlaufende Autobahn in den Inselsüden zum Ausgangspunkt zurückzukehren.

EXTRA Tour 2

Den Altkanariern auf der Spur – im Südosten der Insel

Überall auf der Insel kann man der Geschichte der kanarischen Ureinwohner begegnen. Auf der folgenden Route, die durch den südöstlichen Inselteil führt, wandelt man gezielt auf den Spuren der Altkanarier. Im Sinne des reichen Kultur- und Landschaftserlebnisses ist für diese ca. 110 km lange Tour schon ein ganzer Tag erforderlich.

Die Hauptstraße von **Playa del Inglés,** Av. de Tirajana, quert in ihrem nördlichen Abschnitt die Feriensiedlung San Fernando und geht dann als gut ausgebautes Asphaltband in eine Landstraße (Beschilderung ›Fataga‹) über. Kaum liegen die letzten Häuser des Urlaubszentrums zurück, findet man sich inmitten einer halbwüstenhaften Felswelt wieder. Dann geht es in die tief eingeschnittene Schlucht des Barranco de Fataga hinein. Bereits nach 6 km lädt auf der linken Seite das Freilichtmuseum **El Mundo Aborigen** (s. S. 38) zu einem Besuch ein. In dem nachgebauten altkanarischen Dorf geht es keineswegs muffig-museal zu. Anhand lebensgroßer Figuren und interessanter Vorführungen wird die Geschichte der Inselbewohner lebendig dargestellt. Schön angelegte Spazierwege mit Aussichtspunkten auf die Costa Canaria führen durch die Stätte. Bei der Weiterfahrt versteht man bald, warum der Barranco auch das ›Tal der Palmen‹ genannt wird.

In nur wenigen Minuten führt die üppig begrünte Strecke zum malerischen Bergdorf **Fataga** (s. S. 38 f.). Dann geht es steil und kurvenreich bergauf, bis man kurz vor San Bartolomé, dem nächsten Etappenziel, das Restaurant **El Castillo Mirador** (s. S. 69) ansteuern kann. Beim herrlichen Panoramablick bis hinauf zum höchsten Inselberg und hinunter nach Santa Lucía schmeckt ein zweites Frühstück auf der Restaurantterrasse doppelt so gut. Auch **San Bartolomé de Tirajana** (s. S. 68 f.) zu Füßen eines mächtigen ›Amphitheaters‹ aus Fels steht ganz im Zeichen reicher Ausblicke.

Nun kann man weiterhin der sehr gut ausgebauten Straße Richtung Santa Lucía folgen. Eine schönere, jedoch abenteuerlichere Alternative ist die Fahrt über eine nur teilweise asphaltierte, mitunter

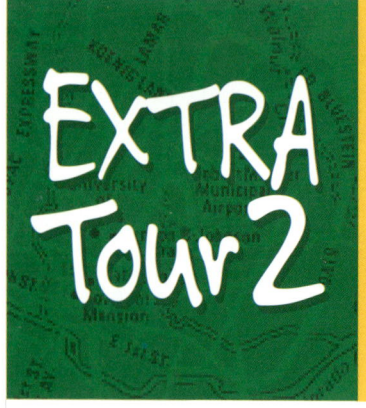

›Troglodyten-Snack‹ in einer Höhlenbar

äußerst schmale Strecke. Sie beginnt ein paar Fahrminuten nördlich der Straße nach Tejeda an einer Abzweigung, in die man rechts einbiegt. Die Straße windet sich um das schon seit Urzeiten bewohnte Felshalbrund, das San Bartolomé umschließt. Unbeschreibliche Ausblicke begleiten die Fahrt vorbei an Höhlendörfern, die wie Adlerhorste am Fels zu kleben scheinen, bevor die insgesamt ca. 7 km lange Piste wieder in die Hauptstraße einmündet.

Linker Hand liegt das von Palmenhainen umgebene **Santa Lucía** (s. S. 73 ff.). Der hübsche Ort könnte auch irgendwo in Marokko liegen, und wer nun Hunger hat, sei es auf altkanarische Kultur oder altkanarische Speisen, wird hier alles zum Besten finden. Das archäologische Museum an der Durchgangsstraße zeigt eine sorgsam zusammengestellte Sammlung zur Geschichte der Ureinwohner der Insel. Die C 815 Richtung Agüimes weist den Weg zur **Fortaleza Grande** (s. S. 73 f.), der letzten Bastion der Altkanarier gegen die Spanier. Dann geht es aus dem gebirgigen Inselteil hinaus in den landwirtschaftlich geprägten Osten. Nach 20 km macht ein Schild auf den **Parque de Cocodrilos** (s. S. 30) aufmerksam. Ein Stückchen weiter lockt **Agüimes** (s. S. 29 f.) mit seiner bezaubernden Altstadt und andalusischem Flair. Zur Weiterfahrt durchquert man das Städtchen Richtung **Ingenio** (s. S. 41 f.) und biegt kurz hinter der Ortsausfahrt nach links ab. Hier öffnet sich die landschaftlich reizvolle Schlucht des **Barranco de Guayadeque**. Bald liegen die ersten und z. T. bewohnten Höhlenwohnungen am Weg durch die von steilen Felsen flankierte Schlucht, in der reiche Ausgrabungen aus altkanarischer Zeit gemacht wurden.

9 km von Ingenio liegt die Höhle **Cuatro Puertas** (s. S. 41), ein Versammlungs- und Kultort der Altkanarier. Auch Höhlenrestaurants laden ein, besonders beliebt ist das **Tagoror** (s. S. 30), eine labyrinthhafte Anlage tief im Berg. Hier kann man zum Tagesausklang in ›steinzeitlicher‹ Atmosphäre die Küche der Altvorderen genießen. Über Agüimes geht's zurück zur 6 km entfernten Autobahn, von wo es noch etwa 20 km bis nach Maspalomas sind.

EXTRA Tour 3

Unvergeßliche Ausblicke – durch das Zentralgebirge der Cumbre

Die Cumbre bildet das gebirgige Zentrum der Insel. Die folgende Tour führt rings um das Bergmassiv und bis auf den höchsten Gipfel, den 1949 m hoch aufragenden Pico (auch: Pozo) de las Nieves. An Distanz sind im eigentlichen Bergabschnitt nur rund 85 km zu überwinden. Die kurvenreiche Strecke, der schlechte Straßenzustand und atemberaubende Panoramen machen diese Tour jedoch zu einem tagfüllenden Abenteuer. Den z. T. über Pisten führenden Weg kann man mit einem normalen Fahrzeug problemlos bewältigen, ein Jeep ist nicht notwendig. Eine gewisse Versiertheit des Fahrzeuglenkers ist jedoch unabdingbar. Für konditionsstarke Mountainbiker ist diese Route, die in San Nicolás beginnt und oberhalb von Mogán oder aber in Arguineguín endet, eine echte Herausforderung.

San Nicolás de Tolentino (s. S. 70 ff.) liegt ca. 66 km nordwestlich von Maspalomas an der C 810. Es geht in den Ort hinein, sodann rechts ab auf eine holprige Nebenstraße (Beschilderung ›Artenara‹), die über den Weiler Los Molinos in den Barranco de la Aldea führt. Auf den folgenden 21 km müssen nicht weniger als 1200 Höhenmeter überwunden werden. In Anbetracht des Straßenzustands ist für diese Distanz ohne Zwischenstopp mindestens 1 Std. anzusetzen. Doch niemand wird diese Strecke einfach so durchfahren, gilt sie doch als die spektakulärste der Insel. Sie führt vorbei an mehreren Stauseen, von senkrechten Felswänden umrahmt, die in allen Farben zwischen Kobaltblau und leuchtendem Türkis schimmern.

Hobbyfotografen können hier schnell ihren ganzen Filmvorrat verknipsen. **Artenara** (s. S. 33 ff.), das höchstgelegene Dorf Gran Canarias in dramatisch-fotogener Lage, ist ein genauso begehrtes Motiv. Viele der Höhlenwohnungen der Ortschaft sind seit Urzeiten bewohnt und besitzen hübsche Vorbauten. In dem malerischen Ort sollte man eine Mittagsrast einlegen, bevor es auf einer ebenso schlechten wie aussichtsreichen Straße nach **Tejeda** (s. S. 76 f.), einem anderem Kleinod unter den Bergdörfern der

Presa de los Hornos: klares Wasser, saftige Wiesen und Pinienwald

Insel, weitergeht. Die Schönheit der Ausblicke auf dieser Strecke ist schlicht überwältigend. Die folgenden 7 km, nun wieder auf Asphalt, werden von einer faszinierenden Fernsicht über die bizarre und tausendfach gefaltene Hochgebirgswelt begleitet.

Dann ist der höchste Paß der Insel, die 1490 m hohe **Cruz de Tejeda** (s. S. 37 f.), erreicht. Einem ›steinernen Gewitter‹ gleich präsentiert sich von hier aus die umgebende Welt. Wer sich das Erlebnis gönnt, den Sonnenuntergang von dieser Stelle zu betrachten, der wird die Landschaft in einer unvergleichlichen Farbenpracht erglühen sehen.

Noch viel höher hinaus geht es über die schräg gegenüber dem Restaurant Parador (s. S. 37) beginnende Nebenstraße. Schilder (›Los Pechos‹) weisen den Weg zum **Pico de las Nieves.** Nach dem ersten Zyklus der Inselgenese soll an seiner Stelle die Kuppe eines 3000 m hohen Schichtvulkans gestanden haben, bevor das obere Drittel schließlich einstürzte. Wer diesen höchsten Punkt der Insel bei klarer Sicht erreicht, dem bleibt das sich bietetende Panorama stets in der Erinnerung. Gleichermaßen unvergeßlich wird die anschließende Talfahrt Richtung Ayacata bleiben, die auf 1550 m Höhe an der Stauseeschlucht **Presa de los Hornos** vorbeiführt. Ein Pinienwald und saftige Wiesen umgeben das klare Wasser. Prominenter Nachbar ist der Felsmonolith **Roque Nublo,** den man im Rahmen einer Wanderung erkunden kann (Extra-Tour 4, s. S. 90 f.).

Bei **Ayacata** (s. S. 36) stößt man wieder auf die C 815, biegt nach rechts ein und bald darauf nach links in die C 811, die sich über 22 km durch ein Schaustück kanarischer Schlucht-Landschaft nach **Mogán** (s. S. 53 f.) und sodann an die Südküste hinzieht. Dieser letzte Abschnitt ist ebenso abenteuerlich wie der erste.

Wer als Endziel **Arguineguín** (s. S. 31 ff.) bevorzugt, kann sich im späteren Straßenverlauf links halten und nach 24 km wunderschöner Fahrt ca. 3 km östlich des Orts die Küste erreichen. Die staubige Piste, die nahe des Cruz de San Antonio ebenfalls hierherführt (roter Hinweis auf Stein kaum lesbar), ist ausschließlich für Allradfahrzeuge zu empfehlen!

Extra-Tour 4

Wo die Insel den Himmel berührt – Wanderung zum ›Wolkenfels‹ Roque Nublo

Viele Wanderrouten auf Gran Canaria erheben für sich den Anspruch, dem Wanderfreund als schönstes und dramatischstes Erlebnis in der Erinnerung zu bleiben. Dieser Erwartung wird eine Wanderung zum **Roque Nublo** in jedem Fall gerecht werden. In 1803 m Höhe thront das Wahrzeichen der Insel, ein 80 m hoch aufragender Fels. Außer warmer Bekleidung und Regenschutz – es kann kalt und feucht werden – ist keine besondere Ausrüstung erforderlich. Für die leichte Wegstrecke, die auch ungeübte Wanderer problemlos in rund 70 Min. bewältigen können, reicht bequemes Schuhwerk.

Wer mit dem Auto unterwegs ist, kann die Wanderung im Rahmen der Panorama-Tour (Extra-Tour 3, s. S. 88 f.) unternehmen. Die Anreise mit öffentlichen Verkehrsmitteln ist ebenso möglich. Gegen 7 Uhr morgens (genaue Abfahrtszeit erfragen) startet von Playa del Inglés ein SALCAI-Bus nach **Ayacata** (s. S. 36). In dem winzigen Weiler kann man den Tag mit einem deftigen Frühstück mit Bergschinken und Ziegenkäse beginnen.

An der Gabelung in der Dorfmitte geht es dann nach rechts Richtung **Cueva Grande.** Nach ca. 2 km über die serpentinenreiche Straße gelangt man zu einem kleinen Parkplatz. Wer mit dem Auto anreist, startet üblicherweise dort. Hier beginnt ein nicht zu verfehlender Weg, der auf das schon sichtbare Ziel, eine dünne Felsnadel, zuführt. Überall erheben sich kleine Monolithen und abgesplitterte Pfeiler und Türmchen – Überreste einer bizarren Vulkanlandschaft. Nach ca. 20 Min. wird eine mit Kiefern bestandene Mulde passiert. Bei klarer Sicht kann man von hier den Pico del Teide von Teneriffa in der Ferne sehen.

Dann steigt man steil bergauf und gelangt nach etwa weiteren 20 Min. über ausgewaschene Felsterrassen vom 1733 m hohen Tafelberg zum Fuß des Roque Nublo. Der bizarre Felsen gilt als Überbleibsel eines Ur-Vulkanschlotes. Sein Name bedeutet ›Wolkenfels‹, entsprechend häufig ist er in zerfaserte Nebelbänder gehüllt, die ihm vor der Kulisse der wildromantischen Landschaft etwas Mystisches verleihen. Morgens hat man die beste Chance auf eine gute Fernsicht. Angesichts des Traumpanoramas über die Insel hinweg wäre dann eine Bezeichnung wie etwa ›Mirador de Gran Canaria‹ wesentlich zutreffender. Der Blick schweift hinüber auf die Cumbre-Berge, hinauf zum Pico de las Nieves, hinunter zu seinem ›Bruder‹ Roque Bentaiga und hinab in die Barrancos, jene riesigen Schluchten, die die Insel wie Furchen durchziehen.

Auf dem gleichen Weg steigt man wieder zum Parkplatz ins Tal hinab und kehrt von dort nach Ayacata zurück. Wer den Bus ab Ayacata retour nehmen will, hat normalerweise um 16.30 Uhr (So gegen 14 Uhr) Anschluß nach Playa del Inglés.

Prominenter Nachbar des Stausees Presa de los Hornos: der Felsmonolith Roque Nublo

EXTRA Tours

Vamos a la playa – Wanderung zur Playa de Güigüí

Wer sehnt sich nicht danach – nach der absoluten Strandeinsamkeit am Gestade des türkisfarben schillernden Ozeans. Doch nur wenige sind bereit, für ihren Traumstrand z. B. die Mühen einer Wanderung auf sich zu nehmen. Und das ist gut so, denn so begibt es sich, daß der mit Abstand schönste Strand Gran Canarias bis in unsere Tage nur wenigen Insidern überhaupt ein Begriff ist. Gemeint ist die im äußeren Westen der Insel zwischen Puerto de Mogán und Puerto de la Aldea gelegene **Playa de Güigüí.** Das rund 800 m lange, weiß bis hellgraue (je nach Strömung) und feinsandige Doppelstrand-Refugium ist durch eine Felsnase unterteilt und nahezu stets menschenleer. Je nach Gezeitenstand ist der ringsherum von steilen Felsen umgebene Strand bis zu 50 m breit.

Wer dieses Strandparadies auf einer der meistbesuchten Ferieninseln Europas aufsuchen will, darf sich vor einer rund fünfstündigen, recht anstrengenden Wanderung nicht scheuen. Hin und zurück sind ca. 12 km zurückzulegen. Ein kleiner Rucksack mit Wegzehr und vor allem Trinkwasser, eine gute Kondition, Trittsicherheit und Wanderschuhe sollte man für die Tour mitbringen. Beste Besuchszeit ist bei Ebbe. Die Gezeiten kann man zuvor in Puerto de Mogán erfragen.

Einzige Alternative zur Wandertour ist eine **Bootsfahrt ab Puerto de Mogán** (in den Bars am Hafen oder direkt auf den Jachten nachfragen). Der Preis ist jeweils auszuhandeln und liegt bei rund 15 000 Ptas. Er erhöht sich jedoch um ein mehrfaches, wenn man den Strand ein paar Stunden lang genießen und hinterher wieder mit dem Boot zurückkehren will. Da es in Güigüí keine Anlegestelle gibt, muß man vom Boot zum Strand schwimmen, was natürlich bei der Entscheidung über das ›Strand-Equipment‹ zu bedenken ist!

Den Ausgangspunkt der Wanderung erreicht man am besten per Mietwagen oder Taxi (kein Buszubringer). Man folgt zunächst der C 810 von Puerto de Mogán aus westwärts. Nach ca. 26 km

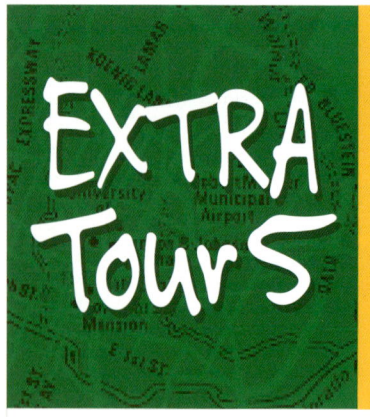

Am Barranco de Tasartico: Wer gerät hier nicht ins Träumen?

biegt man links in eine Holperstraße nach **Tasartico** ein.

In dem winzigen Dorf läßt man den Wagen stehen und geht zu Fuß weiter. Man steigt den gleichnamigen Barranco durch Tomatenfelder hinunter, bis nach rund 750 m ein deutlich sichtbarer Pfad nach rechts abzweigt. Dem ist zu folgen, und immer der Hauptspur nach geht es nun bald steil empor zu einer 547 m messenden Paßhöhe, die nach insgesamt etwa 90 Min. erreicht wird. Der Paß ist der tiefste Einschnitt des Bergrückens zwischen den beiden Schluchten Barranco de Tasartico und Barranco de Güigüí Grande. Der Blick von dort auf den schwarzgrauen Saum der jäh in den Ozean stürzenden Küste und auf die bizarren Formen ihrer schroffen Klippen wäre allein schon die Mühe dieser Wanderung wert.

Nach einer wohlverdienten Verschnaufpause geht es steil gen Nordwesten zur Küste hinab. Der Pfad verläuft links über dem Tal an der von Höhlen zerfressenen Felswand der **Montaña de Aguas Sabinas** entlang. Im Frühjahr blühen hier Margeriten, Löwenzahn, Butterblumen und viele andere bunte Wildblumen, so daß man durchaus glauben könnte, man wandere in den Alpen.

Nach weiteren 30 Min. etwa, im letzten Abschnitt an einem winzigen bewohnten Weiler vorbei, liegt sie zu Füßen: die verführerisch schimmernde Sandbucht der Playa de Güigüí. Außer bei Flut oder starkem Seegang erstreckt sie sich als breites Band vor steilen Klippen. Nur bei Ebbe kann man um das nördliche Kliff herumwandern zur **Playa de Güigüí Chico.** Der etwa 300 m lange Strandabschnitt ist der kürzere der beiden Güigüí-Strände. Ganz und gar traumhaft sind beide, aber der kleine verschwindet bei Flut fast vollständig. Da man die Playa de Güigüí Chico nur bei Ebbe wieder verlassen kann, darf man die rechtzeitige Rückkehr vor Einsetzen der Flut nicht verpassen.

Für den Rückweg nach Tasartico sollte man in Anbetracht der langen Steigungsstrecke rund 3 Std. ansetzen.

Impressum/Fotonachweis

Fotonachweis

Titelbild und alle anderen Fotos stammen von Fulvio Zanettini/laif (Köln) außer:

H. P. Merten (Saarburg): S. 51
WHITE STAR (Hamburg): S. 10, 12, 15, 30, 34, 65, 72, 89

Kartographie: Berndtson & Berndtson Productions GmbH, Fürstenfeldbruck

Alle in diesem Buch enthaltenen Angaben wurden vom Autor nach bestem Wissen erstellt und von ihm und dem Verlag mit größtmöglicher Sorgfalt überprüft. Gleichwohl sind inhaltliche Fehler nicht vollständig auszuschließen. Ihre Korrekturhinweise und Anregungen greifen wir gern auf. Unsere Adresse: DuMont Buchverlag, Postfach 101045, 50450 Köln, E-mail: reise@dumontverlag.de

Die Deutsche Bibliothek – CIP-Einheitsaufnahme

Möbius, Michael:
Gran Canaria / Michael Möbius. - Ausgabe 1999
Köln, DuMont, 1998
(DuMont Extra)
ISBN 3-7701-4669-7

Grafisches Konzept: Groschwitz, Hamburg

Ausgabe 1999

Druck: Rasch, Bramsche
Buchbinderische Verarbeitung: Bramscher Buchbinder Betriebe
ISBN 3-7701-4669-7

Register